알기 쉬운
암호화폐 용어
첫걸음

알기 쉬운
암호화폐 용어
첫걸음

한국블록체인기술금융(주) | 염후권·최희송·김회승 엮음

중앙경제평론사

머리말

인간의 두뇌에는 한계가 없는 걸까? 과학은 신의 영역에 도전할 만큼 눈부시게 발전하고, 그 속도 또한 우리가 예상했던 것보다 훨씬 더 빠르다. 영화 속에서나 상상했던 일들이 현실에서 이루어지고 있다. 21세기에 접어들면서 인터넷과 통신의 발달은 우리 일상을 빠르게 변화시키고 있다. 손편지 주고받던 시절이 엊그제 같은데, 이제는 인터넷을 통해 실시간으로 지구 반대편에 이메일을 보낸다. 20년 전에는 상상도 못 했던 일이다.

과학기술의 발달은 우리 삶 깊숙이 변화를 가져다 주고 있다. 군이 과학기술이 가져다 준 변화가 아니라도 세상에 변하지 않는 것은 없다. 이것이 세상의 이치다. 변화가 일상이 된 요즘 변화를 받아들이고 즐길 것인지, 아니면 변화를 피해 옛날 방식으로 살 것인지 선택해야 한다. 그런데 중요한 것은 변화를 받아들이고 공부하며 적응한 사람만이 살아남는다는 사실이다. 강한 사람이 살아남는 것이 아니라 변화하는 사람이 살아남는 시대다.

지난 2009년 블록체인 기술을 바탕으로 암호화폐가 세상에 태어났다. 10년이 지난 오늘, 투기판이 된 암호화폐에 뛰어들어 밤새우는 그룹이 있고, 다른 한편에서는 블록체인 기술을 현실에 적용하려 밤새 연구하는 그룹이 있다. 2000년 닷컴 버블 때도 그랬다. 그때 탄생한 기업이 네이버, 다음과 같은 회사들이다.

블록체인 기술은 기존의 중앙화된 방식과 정반대로 탈

중앙화된 분산 방식이다. 이 기술이 새로운 시대에 변화를 가져오는 계기가 될 것이라는 데 대부분의 전문가들은 의견을 같이 한다. 블록체인 기술은 우리 사회의 정치 구조에까지도 변화를 가져올 수 있다.

우리는 블록체인 기술이 가져다 준 암호화폐를 어떻게 받아들여야 할 것인가? 의심만 하고 있을 것인가, 아니면 공부를 할 것인가? 낫 놓고 ㄱ 자도 모르는 사람을 문맹이라 한다. 컴퓨터 놓고 키 버튼 하나 제대로 누르지 못하면 컴맹이다. 암호화폐의 시대에 코인을 모르면 코인맹이 된다.

이 책은 암호화폐의 원리를 모르고 투자에만 몰두한 사람, 눈앞에 다가온 암호화폐를 보고 의심만 하는 사람을 위해 알기 쉽게 정리한 것이다. 이 책을 통해서 암호화폐를 제대로 아는 계기가 되기를 바라며, 암호화폐 문맹인에게 선물이 되었으면 한다.

본문에 들어가기에 앞서 미리 밝혀둔다. 암호화폐는 아직 국제적 · 학술적으로도 그 명칭이 정리되지 않았으며 일반적으로 '가상화폐'라 부르고 있다. 이 책에서는 독자 여러분의 혼란을 피하기 위해 본질적으로 더 명확한 개념인 '암호화폐'로 통일하여 서술하였다.

여의도 연구실에서
염후권

차례

2장 암호화폐 편람

부록

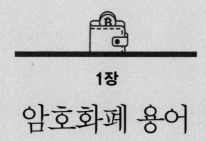

1장

암호화폐 용어

"아는 만큼 소유한다."

-괴테

가버넌스(Governance)

공동체의 의사결정 방법, 사회적 문제에 대한 해결 기제, 관리 체계 등을 가버넌스라고 한다. 이념적으로는 자치와 대립되는 개념이다. 의사결정 방법은 크게 두 가지로 나눌 수 있는데 하나는 모두가 참여하여 의견을 나누어 결정하는 방법이고, 다른 하나는 대표를 뽑아서 권한을 위임하는 방법이다. 암호화폐의 가버넌스는 블록체인 기술의 기반으로 집단 의사결정 구조를 구현하고 있다. 모든 노드(Node)가 참여하는 다양한 가버넌스, 민주적 합의 알고리즘의 형태를 띤다.

거래 가변성(Transaction Malleability)

가변성이란 변할 수 있는 성질을 말한다. 암호화폐에서의 거래 가변성은 거래 당사자가 아닌 제3자가 거래 식별 번호(Txid, Transaction Id)를 바꿀 수 있는 취약성을 말한다. 거래 가변성은 실적적인 거래 내용에는 변화가 없지만 ID만 변경하여 새로운 거래를 만들어낼 수 있는 일종의 버그다. 거래 ID는 한 사람에게 하나만 주어지는 것이 원칙이지만 2개 이상의 거래 ID로 서로 다른 거래를 가질 수 있는 것이 거래 가변성이다.

경화(Hard Currency)/연화(Soft Currency)

주조화폐를 경화라 하고, 주조화폐 이외의 화폐를 연화라고 한다. 그러나 제2차 세계대전 당시부터 국제 금융용어로서 금 또는 어느 나라의 통화와도 쉽게 교환될 수 있는 통화를 경화라 하였고, 금의 뒷받침이 없는 국가의 통화를 연화라 칭하게 되었다. 1971년 미국 닉슨 대통령이 미국 달러와 금의 교환을 정지한 이후로는 경화 또는 연화라는 용어는 그다지 사용하지 않게 되었다.

공유경제(Sharing Economy)

제품이나 서비스를 소유하는 것이 아니라 필요에 의해 서로 공유하는 활동을 공유경제라고 한다. 물품을 소유하는 개념이 아닌 서로 대여해주고 차용해 쓰는 개념이다. 2008년 미국 하버드 법대 로렌스 레식(Lawrence Lessig) 교수에 의해 처음 사용되었는데, 한번 생산된 제품을 여럿이 공유해 쓰는 협력소비를 기본으로 하는 경제 방식이다. 즉, 물품은 물론 생산설비나 서비스 등을 개인이 소유할 필요 없이 필요한 만큼 빌려 쓰고, 자신이 필요 없는 경우에는 다른 사람에게 빌려주는 공유소비의 의미를 담고 있다. 이미 생산된 제품을 여럿이 함께 공유해서 사용하는 협력소비 경제로서 대량생산 체제의 소유 개념과 대비된다.

대표적인 사례로는 자신의 공간을 여행자에게 제공하는 에어비앤비(AirBnB)가 커뮤니티 공유경제를 실현하고 있다. 우버(Uber) 또한 개인이 소유한 자산을 온라인으로 타인에게 대여한다는 의미에서 공유경제로 불린다. 암호화폐 역시 제3의 기관을 거치지 않고 개인 대 개인의 거래(P2P)로 공유경제의 지평을 열고 있다.

공유지의 비극(Tragedy of the Commons)

　주인이 따로 없는 공동 방목장에서는 농부들이 경쟁적으로 더 많은 소를 끌고 나오는 것이 이익이므로 그 결과 방목장은 곧 황폐화되고 만다는 것을 경고하는 개념이다. 이처럼 소유권 구분 없이 자원을 공유할 경우 나타나는 사회적 비효율의 결과를 '공유지의 비극'이라고 한다. 공유지의 비극은 미국 USCB 생물학과 가렛 하딘(Garrett Hardin) 교수가 1968년 〈사이언스〉에 발표한 논문에서 처음 제시됐다.

　공유지의 비극 문제를 극복하기 위해서는 이해 당사자들이 모여서 일정한 합의(consensus)를 통하여 이용권을 제한하는 제도를 만들어야 한다. 공유지의 비극을 극복해 낸 공동체는 구성원들 간의 규칙의 명확성과 이를 위반할 시의 제재와 페널티(penalty) 부과, 구성원들의 참여와 시

스템적인 합의 구조라는 특징을 가진다.

　블록체인 시스템에서도 공유지의 비극이 발생할 수 있다. 실제로 이더리움 플랫폼 기반 하에 많은 디앱(dApp, 분산앱)들이 개발되고 있으며, 이 디앱의 활성화를 둘러싸고 공유지의 비극 문제가 대두되고 있다.

구성의 오류(Fallacy of Composition)

　개인의 입장에서 보면 옳다고 생각되는 행동(truth)이 구성원 전체 입장에서는 옳지 못한 행동(false)이 되는 현상을 '구성의 오류' 또는 '구성의 모순'이라고 한다. 부분적으로는 최선(best)이었으나 그것을 모아놓은 전체로서는 최악(worst)이 되는 현상이다. 쉽게 말하면 공연장에서 앞줄에 앉아 있는 사람이 무대를 더 잘 보기 위해 자리에서 일어나면 뒷줄에 앉아 있던 사람도 일어나게 되고, 결국 모든 사람이 무대를 보기 어렵게 된다.

　미시경제의 합리적 선택이 거시경제 차원의 합리성을 보장하지 못하는 오류, 개별 농부로서는 최선을 다해 풍작을 위해 노력했으나 공급 과잉으로 가격 폭락을 겪게 되는 현상, 개인적으로는 가계 경제를 위해 열심히 저축을 했으나 사회 전체적으로는 소비 부족 현상으로 인해 불황이 오는 역설 등이 모두 구성의 오류라 할 수 있다. 구성의 오류는 시장 실패(market failure)의 원인으로 작용한다. 암호화폐의 블록체인 원리도 분권화된 시스템 하에서 구성의 오류 현상이 나타나게 되어 가버넌스 구조에 대한 연구가 많이 진행되고 있다.

그래픽카드(Graphics Card)

컴퓨터에서 처리되는 과정 및 결과를 눈으로 보기 위해서는 모니터가 필요한데, 모니터는 컴퓨터 내부의 그래픽카드를 통하여 화면에 정보를 싣게 된다. 즉, 그래픽카드에서 만들어진 신호가 모니터에서 빛으로 변환되어 인간의 눈으로 이해되는 것이다.

금본위제(Gold Standard System)

금본위제는 통화 1단위와 순금의 일정 중량을 등가로 연계하는 화폐제도다. 미국은 1944년 브레턴우즈 체제를 통해 '금 1온스=35달러'로 정하는 금본위제를 시작했다. 달러와 금을 교환하는 것을 금태환이라고 한다. 미국이

베트남 전쟁의 자금을 마련하기 위해 달러를 대규모로 찍어내면서 통화가치가 떨어졌고, 1971년 리처드 닉슨 미국 대통령이 금태환 포기를 선언함으로써 사실상 브레턴우즈 체제는 붕괴되었다. 이후 오늘날의 관리통화제도(Managed Currency System)가 정착하게 되었다.

김치 프리미엄

한국의 암호화폐 가격이 해외보다 비싸게 거래되는 현상을 일컫는 신조어다. 암호화폐에 대한 국내 수요가 공급보다 증가하여 나타난 현상이다. 증권시장에서는 '코리안 프리미엄(Korean Premium)'이라고 부르나 암호화폐 시장에서는 '김치 프리미엄'이라는 말이 더 널리 쓰인다.

네스케이프(Netscape Communications)

네스케이프는 1994년에 마크 앤드리슨(Marc Andrees-sen, 1971년생, 미국)이 설립한 인터넷과 소프트웨어 등 통신 사업을 하는 미국의 회사다. 네스케이프는 모자이크 웹 브라우저를 개발했던 마크 앤드리슨이 개발하여 내비캐이터라는 이름으로 출시되었다. 인터넷 사용자들의 폭발적인 반응을 얻어 약 90%의 시장점유율을 기록했지만, 1995년 마이크로소프트가 인터넷 익스폴로러를 개발하고 마이크로소프트 윈도우 운용 체제에 포함시켜 무료로 배포하면서 시장점유율이 1% 수준까지 급격히 떨어졌다. 네스케이프는 1999년에 AOL에 인수되었고, AOL은 2008년 2월에 네스케이프 웹 브라우저를 중단함으로써 역사의 뒤안길로 사라졌다.

노드(Node)

근거리통신망(LAN), 즉 네트워크의 기본 요소인 지역네트워크에 연결된 컴퓨터와 그 안에 속한 장비들을 통틀어 하나의 노드(Node)라고 한다. 네트워크에서 노드란 연결점을 의미하며, 데이터 송신의 재분배점 또는 끝점을 말하기도 한다. 일반적으로 노드는 데이터를 인식하고 처리하거나 다른 노드로 전송하기 위해 특별히 강화된 성능을 가지도록 프로그램된다.

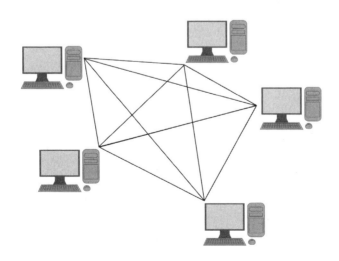

데이터 웨어하우스(Data Warehouse)

사용자의 의사결정을 지원하기 위해 기업이 축적한 많은 데이터를 주제별로(Subject-Oriented) 통합하여 별도의 장소에 저장해놓은 통합 데이터베이스를 말한다. 데이터 웨어하우스는 1980년대 중반 IBM이 자사 하드웨어를 판매하기 위해 처음 도입하였다. 원시 데이터 계층, 데이터 웨어하우스 계층, 클라이언트 계층으로 구성되며 데이터의 추출, 저장, 조회 등의 활동을 한다.

돈 탭스콧(Don Tapscott, 1947년생, 캐나다)

돈 탭스콧은 탭스콧 그룹 최고경영자(CEO)로서 기업인이자 경영 컨설턴트며 미래학자다. 세계 최초로 블록체인 연구를 전문으로 하는 블록체인 리서치 연구소(BRI)를 설립했으며, 블록체인을 비롯한 테크놀로지와 경영을 접목한 분야에서 왕성한 활동을 하고 있다. 경영학계 '싱커스(Thingkers) 50'이 선정한 전 세계에서 영향력 있는 사상가 50인 가운데 4위를 차지했다. 특히 자신의 아들이자 블록체인 자문사인 노스웨스트 패시지 벤처(Northwest Passage Ventures) 창업자인 알렉스 탭스콧과 함께 펴낸 《블록체인 혁명(Blockchain Revolution)》의 공동 저자기도 하다.

동전 없는 사회(Cashless Society)

동전 없는 사회란 말 그대로 QR코드 결제, 신용카드, T-머니 등 다양한 결제 수단이 개발되고 보급되면서 지폐나 동전 등의 현금을 사용할 일이 없어지게 된 사회를 말한다. 한국은행은 '2020 지급결제 비전'을 통하여 동전이 필요 없는 사회를 만들겠다고 발표했다. 현재 우리나라의 현금결제 비중은 전체 지급 수단의 13.6%에 불과하다. 암호화폐가 지급결제 수단으로 정착하게 되면 현금 없는 사회를 넘어서 결국 법정화폐의 사용이 줄어들게 될 것이다.

디플레이션 화폐(Deflationary Currency)

화폐 공급량이 정해져 있거나 극히 제한적으로 증가할 수밖에 없는 화폐를 디플레이션 화폐라고 한다. 암호화폐인 비트코인이 디플레이션 화폐에 해당된다. 비트코인은 화폐의 발행 총량이 2,100만 개로 제한되어 있다.

일반적으로 경제 규모가 커지면 이에 상응하여 화폐의 양도 증가해야 한다. 화폐의 양이 통산 필요한 양 이하로 부족해지면 화폐의 가치는 상승하고 물가는 하락한다. 통화의 부족으로 유동성이 심각하게 훼손되면 소비나 투자는 얼어붙게 되어 결국 불황(deflation)이 발생하게 된다. 암호화폐인 비트코인은 디플레이션 화폐의 속성을 띠고 있기 때문에 범용 화폐로서 한계를 가질 수밖에 없다.

라이트노드(Lightweight Node)

노드에는 풀노드(Full Node)와 라이트노드(Lightweight Node)가 있다. 풀노드는 블록체인을 통째로 다운받은 개체로서 블록에 포함된 트랜잭션들과 블록 전체의 정합성을 검증한다. 이것을 통과한 블록만을 정당한 블록으로 인정하며, 로컬 데이터베이스를 업데이트하고 다른 노드에게 전파시킨다.

라이트노드는 전체 블록 데이터를 검증하지도 않고, 모든 데이터를 저장하지도 않는다. 트랜잭션 검증에 필요한 블록헤더만 풀노드로부터 받아와서 블록헤더에 있는 이체 내역만 단순지불검증(SPV : Simple Payment Verification)한다.

라이트닝 네트워크(Lighting Network)

라이트닝 네트워크는 모든 거래를 오프체인에 등록한 뒤 모든 거래 내역을 종합해 한번에 온체인으로 처리하는 방식이다. 라이트닝 네트워크는 오픈소스 프로토콜로서 비트코인 네트워크에 스마트 컨트랙트(Smart contract) 스크립트를 구현하여 비트코인 전송 속도 증가 및 네트워크의 전송량 처리 과부하를 줄여주는 오프체인 솔루션(Off-chain solution)이다. 모든 전송 내역을 비트코인 블록체인에 기록하는 것이 아니라 최종 결과만 블록체인에 기록하는 것이다. 별도 오프라인 체인에서 개인 간 거래(P2P) 후 블록체인의 스마트 계약 기능을 통해 승인을 받고 거래가 이루어진다.

라이트닝 네트워크는 초당 수십억 개의 트랜잭션 처리가 가능하여 초 단위의 매우 빠른 속도로 전송할 수 있어 라이트닝 네크워크를 도입한 코인은 소매 결제 단말기(POS) 장치에 결제를 진행할 때 지연 문제가 발생하지 않는다. 지불코인을 지향하는 코인은 이 기능이 필수적이라고 볼 수 있다. 라이트 코인이 2017년에 라이트닝 네트워크 테스트를 통해 라코페이 시스템을 구축했다.

레저(Ledger)

레저(Ledger)는 원장, 장부라는 뜻이다. 회계학에서 총계정원장을 General ledger라 하고, 블록체인에서 분산원장을 Distributed ledger라고 한다. 블록체인 네트워크에서 거래된 원장은 중앙 서버에 보관되지 않고 네트워크 참여자(Node) 모두의 컴퓨터에 분산하여 보관된다.

로드 쇼(Road Show)

유가증권 발행을 위하여 발행회사가 국내외 투자자를 대상으로 벌이는 투자설명회를 로드 쇼라고 한다. 뉴

욕, 런던, 홍콩 등 주요 국제 금융도시를 순회하면서 열리기 때문에 로드 쇼라고 부른다. 수요자 사전 예측(Book-Building) 방식으로 주로 유가증권 발행 조건을 결정할 때 열리는데, 암호화폐 신규 발행(ICO) 시에도 로드 쇼가 열리는 경우가 많다. 배포하는 백서(White Paper)를 통해 코인이 지향하는 목표, 기술적 특성 등을 확인할 수 있다.

리드의 법칙(Reed's Law)

'네트워크의 가치는 사용자 수를 n이라고 했을 때 n의 제곱(n^2)에 비례한다'는 멧칼프의 법칙(Metcalf's Law)에 추가적인 효용성을 제시하여 보강한 이론이다. 멧칼프의 법칙에서는 노드들 간의 가능한 연결의 수를 네트워크의 효용성으로 보았지만, 데비드 리드(David Reed)는 여기에 더하여 노드들끼리 그룹을 형성할 수 있다는 점을 추가하여 효용의 가치를 부여했다.

그룹 형성의 예를 들면, 어떤 내용을 100명에게 보낼 때 팩스로 보내면 100번을 보내야 하지만 이메일을 이용하면 한 번만 보내면 된다. 전체 네트워크에서 100명을 자연스럽게 한 그룹으로 묶을 수 있다. 즉, 네트워크를 통해 소통이 이루어지면서 잠재적 집단이 형성되고, 이렇게 형성된 집단은 추가적인 연결을 통해 관계가 확산되어 네트워크의 추가적인 효과가 발생하게 된다. 따라서 리드의 법칙에 의한 네트워크 가치는 노드의 수가 n이라고 했을 때 2의 n승(2^n)에 비례한다.

마스터 노드(Master Node)

마스터 노드는 지분증명(POS : Proof of Stake) 방식을 이용한 채굴 방식인데, 일정 지분의 코인을 가지고 해당 코인을 채굴하는 방식이다. 마스터 노드가 되기 위해서는 일정량의 코인을 지갑에 묶어두어야 한다. 기기를 구입하여 채굴하는 방식이 아니라 코인을 구매하여 채굴하는 방식이다. 따라서 작업증명(POW : Proof of Work) 방식과는 달리 전력 소모가 많지 않다. 마스터 노드 코인의 대표적인 방식으로는 DASH가 있다. DASH의 경우 마스터 노드가 되기 위해서는 1,000개의 DASH가 DASH 지갑에

묶여 있어야 한다.

마운트곡스 사건(Mount.Gox)

일본의 암호화폐 거래소인 마운트곡스 사가 2014년 2월 해킹으로 폐쇄에 이르게 된 사건을 말한다. 마운트곡스 사는 당시 세계 최대의 암호화폐 거래소였는데 회사 보유 비트코인 10만 개와 고객이 맡겨둔 75만 개의 비트코인을 도난당하는 사건이 발생했다. 금액으로는 480억 엔, 원화 약 5천억 원 규모였다.

당시 마운트곡스 CEO인 마크 카펠레스(Mark Karpeles)는 디도스(DDos) 공격으로 해킹당했다고 발표했고, 투자자들의 국제 집단소송을 야기했다. 이 사건을 계기로 일본 정부는 투자자들이 보호받을 길이 없다는 점에 주목해 암호화폐를 제도권으로 편입시키는 계기가 되었다.

마이닝(Mining)

마이닝(채굴)이란 컴퓨터를 통해 비트코인을 캐낸다고 하여 붙여진 용어다. 비트코인을 캔다는 말은 다른 말로 하면 비트코인을 발행한다는 의미다. 즉, 채굴자가 곧 화폐 발행자라는 뜻이다. 비트코인을 채굴하기 위해서는 고성능 컴퓨터를 구입하여 채굴 프로그램을 돌려 컴퓨터가 복잡한 연산을 하게 한다. 사람이 할 일은 특별히 없다. 24시간 컴퓨터를 켜두고 전기요금을 부담하기만 하면 된다.

컴퓨터 화면에 어지러운 숫자와 코드들이 뜨는데, 최근 10분간 쌓인 전 세계 비트코인 거래 내역을 검증하고 암호화해 저장하는 과정이다. 그 대가로 일정량의 비트코인을 받는다. 비트코인 개수는 총 2,100만 개로 제한돼 있는데, 이런 채굴 과정을 통해 시장에 풀린다. 즉, 비트코인 블록체인을 유지하기 위해 채굴자에게 보상을 해주고 그들로부터 컴퓨터 자원을 제공받는 프로세스가 바로 채굴 시스템이다.

마이닝 풀(Mining Pool)

마이닝 풀은 채굴조합, 채굴연합이라는 의미다. 초기에는 개인 컴퓨터 CPU로 채굴이 가능했으나 점차 채굴의 난이도가 증가하여 채산성이 떨어지게 되면서 자연스럽게 채굴자들의 연합이 생기게 되었다. 개인이 직접 컴퓨터를 구입해 코인을 채굴할 수도 있지만 채굴 성공률은 참여자 수에 비례하기 때문에 다수의 채굴 컴퓨터를 갖추지 않으면 개인 단위의 채굴 효율은 매우 떨어진다. 따라서 여러 사람이 손을 잡아 채굴 성공률을 높이고 그로 인한 수익을 채굴 기여도에 따라 나누는데, 이러한 집단을 마이닝 풀(Mining Pool)이라고 부른다.

특정 마이닝 풀에 참가해 높은 연산력을 제공할수록 소속된 마이닝 풀에서의 기여도가 높아지고, 그만큼 많은 이익을 거둘 수 있다. 또한 소수의 채굴 장비만 가지고 있어도 마이닝 풀에 참가하면 최소한의 이익은 거둘 수 있기 때문에 소규모로 채굴을 하고자 하는 사람도 마이닝 풀을 이용하는 것이 좋다. 마이닝 풀 운영자는 보통 서버 운영의 대가로 참가자들이 채굴에 성공하여 자기의 지갑으로 송금할 때 일정 금액의 수수료(10%)를 받는다.

메인넷(Main Network)

시험 단계의 네트워크를 테스트넷(Test Net)이라 하고, 시험 단계를 벗어나 자체 구축한 네트워크를 메인넷이라고 부른다. 자체적인 블록체인을 갖지 않고 기존의 다른 블록체인 플랫폼 기반에서 발행된 것을 토큰(Token)이라고 부르는데, 이 토큰이 새로운 기능을 추가하고 보완하여 자체의 플랫폼으로 이동하면 이것을 흔히 '메인넷으로 간다'고 표현한다. 토큰이 메인넷으로 나오면 코인이 된다. 이것이 토큰과 코인을 구별하는 기준이 된다.

메트로폴리스(Metropolis)

이더리움은 4단계 로드맵을 가지고 이더리움 생태계를 완성해가고 있다. 이 로드맵의 3단계를 메트로폴리스라고 부른다. 메트로폴리스 단계에서는 두 차례의 업그레이드가 계획되어 있는데, 비잔티움(Byzantium)과 콘스탄티노플(Contantinople)이라는 2개의 하드포크가 그것이다. 비잔티움은 2017년 10월 16일 블록 넘버 4,370,000에서 진행되었고, 콘스탄티노플은 2018년 출시될 예정이다. 메트로폴리스는 제1단계인 프론티어 단계에서 시작한 작업증명(Proof of Work) 방식을 지분증명(Proof of Stake) 방식으로 전환하기에 앞서 준비를 마치는 단계다. 이와 같이 이더리움 하드포크는 기본 이더리움 프로토콜을 변경하여 시스템을 개선하기 위해 새로운 규칙을 만든다.

멤풀(Mempool)

Memory Pool을 축약한 말로 아직 처리되지 않은 트랜잭션들을 모아놓은 곳을 말한다. 다시 말해 멤풀은 전송 처리를 기다리는 미전송 내역들이 저장되는 공간이다. 비트코인의 경우를 보면 초당 처리할 수 있는 전송량에는 한계가 있다. 처리를 기다리는 전송 내역들은 일종의 대기실 역할을 하는 멤풀에 임시로 보관된다. 처리를 기다리는 전송 내역 중 높은 수수료를 지불한 전송 내역은 낮은 수수료를 지불한 거래보다 빠르게 처리된다. 왜냐하면 노드들은 높은 수수료를 제공하는 트랜잭션을 먼저 가져가 작업증명(Proof of Work)을 진행하기 때문이다.

멧칼프의 법칙(Metcalf's law)

미국의 네트워크 장비 업체 3COM의 창업자인 로버트

멧칼프(Robert Metcalf)가 주장한 것으로 네트워크의 가치는 사용자 수의 제곱(n^2)에 비례한다는 이론이다. 전화, 팩스, 컴퓨터 또는 사람 사이의 네트워크까지 모든 네트워크의 가치는 노드(Node)나 사용자가 추가될 때마다 크게 증가한다. 이에 따라 네트워크의 유용성은 사용자 수의 제곱에 비례하게 되고, 어떤 표준의 사용자 수가 충분한 수량에 도달하게 되면 그 가치는 비약적으로 증가한다는 것이다. 즉, 네트워크에 일정 수 이상의 사용자들이 모이면 그 가치가 폭발적으로 증가한다. 예를 들어, 10명 회원에 1명이 더 늘면 가치는 11명의 제곱이 되어 121이라는 뜻이 된다. 10의 제곱=100, 11의 제곱=121로 기하급수적으로 증가하게 되는 것이다.

방화벽(Firewall)

외부에서 조직 내부의 컴퓨터 네트워크로 침입하는 것
을 막는 시스템을 말한다. 기업의 네트워크에서는 인터넷

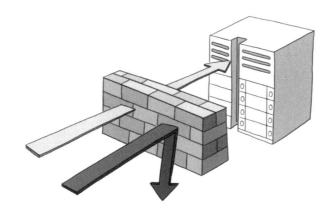

등의 외부 네트워크를 통하여 제3자가 침입하여 데이터
나 프로그램에 접근을 막거나 파괴하는 일이 발생하지 않
도록 외부와 경계를 두고 데이터를 감시하며 부정한 접근
을 검출하거나 단속할 필요가 있다. 이런 기능을 수행하
는 시스템이 방화벽이다.

백서(White Paper)

백서는 정부나 기관에서 발행하는 보고서, 기업의 사업
계획서, 제품과 기술 등에 관하여 개괄적으로 설명한 전문
설명서를 말하는 것으로 영국 정부 보고서의 표지가 흰색
인 것을 따서 부르는 말이다. 정보기술(IT)에서 말하는 백
서는 시장에 나와 있는 제품의 운용과 철학 또는 기술을
소개한 논문 또는 전문 설명서를 말한다. 암호화폐 개발자
는 ICO를 통해 개발에 필요한 자금을 조달하기 위해 코
인백서를 발행한다. 코인백서에는 코인이 지향하는 목표,
설계, 문제에 대한 해결 방법 등에 관한 내용을 포함한다.

법정화폐(Legal Tender)

국가의 법으로 강제 통용력이 부여된 화폐를 법정화

폐 또는 법화라고 한다. 달러, 유로 등 각국 중앙은행이 발행한 화폐가 바로 법정화폐다. 법정화폐는 정부의 법령(Government Decree)과 국가에 대한 믿음에 기초하여 화폐로서 통용되며, 정치·경제·사회적으로 극히 불안정한 경우 화폐로서의 가치를 잃게 된다. 따라서 사회적 신뢰(social confidence)가 필수적이다. 정부의 팽창적 통화정책에 의한 화폐 공급의 남발, 높은 인플레이션은 해당 화폐의 사회적 신뢰를 낮추게 된다. 통화가치의 안정을 위해서는 중립적인 중앙은행(Independent Central Bank)이 필요한데, 화폐의 역사를 통해 볼 때 이것은 매우 어려운 일임을 알 수 있다.

베블런 효과(Veblen Effect)

가격이 오르는데도 일부 계층의 과시욕이나 허영심으로 인해 수요가 줄어들지 않는 현상을 말한다. 미국의 사회학자 베블런(Veblen)이 1899년 출간한 《유한계급론》에서 "상층 계급의 두드러진 소비는 사회적 지위를 과시하기 위하여 자각 없이 행해진다"고 말한 데서 유래되었다. 베블런 효과는 명품에 대한 소비심리를 설명하는 근거가

된다. 최초의 암호화폐인 비트코인의 가격이 알트코인에 비해 지나치게 높은 것도 베블런 효과로 설명할 수 있다.

분산원장(Distributed Ledger)

블록은 개인과 개인의 거래(P2P) 데이터가 기록되는 장부(데이터베이스)다. 이들 블록은 만들어진 뒤 순차적으로 연결된 '사슬' 구조를 이룬다. 거래명세를 담은 블록들이 사슬로 이어져 하나의 장부가 되고, 이를 블록체인이라고 한다. 이 블록체인은 네트워크 참가자들(Node) 모두에게

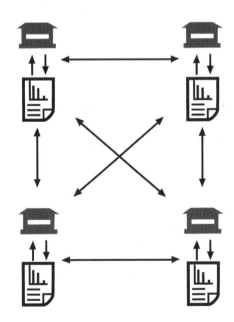

분산해 저장되기 때문에 분산원장(Distributed Ledger)이라고 한다.

블록(Block)

블록은 블록체인의 원소로서 디지털 장부를 말한다. 비트코인의 경우 전 세계적으로 10분간 발생한 비트코인의 거래를 모아 하나의 블록에 담는다. 블록은 블록헤더, 거래 정보, 기타 정보로 구성된다. 블록헤더는 Version, Previous Block Hash, Merkle Hash, Time, Bits, Nonce 이상 여섯 가지의 정보로 구성되며, 거래 정보는 입출금과 관련된 정보들이다. 기타 정보는 블록 안에 있는 정보 중에서 블록헤더와 거래 정보에 해당되지 않는 정보를 말하며, 블록 해시 계산에는 사용되지 않는다.

블록헤더(Block Header)

1	Version	소프트웨어/프로토콜 버전
2	Previous Block Hash	블록체인에서 바로 앞에 위치하는 블록의 해시.
3	Merkle Hash	개별 거래 정보의 거래 해시를 2진 트리 형태로 구성할 때 트리 루트(Tree Root)에 위치하는 해시값.

4	Time	블록이 생성된 시간.
5	Bits	난이도 조절용 수치.
6	Nonce	최초 0에서 시작하여 조건을 만족하는 해시값을 찾아낼 때까지의 1씩 증가하는 계산 횟수.

블록 해시(Block Hash)

블록의 식별자 역할을 하는 블록 해시는 여섯 가지의 블록헤더 정보를 입력값으로 하고, 여기에 SHA256 해시 함수를 2회 적용해서 계산되는 값으로, 32Bytes(즉, 256Bits)의 숫자값이다. 이름은 블록 해시지만 그 값은 블록 전체를 해시한 값이 아니라 블록헤더를 해시한 값이다.

블록 생성의 원리

블록체인에서는 일정 시간 동안의 거래 내역을 암호화하여 담은 장부를 한 블록에 담아 다음 거래장부인 블록과 연결하여 각 노드(Node)들이 갖는다. 새로운 거래가 발생하면 각 노드들은 이 거래를 수집하게 되고, 그중 어느 한 노드가 작업증명(Proof of Work) 방식을 통해 성공하면 블록이 생성되고 다른 모든 노드에게 알린다. 그러면 네트워크상의 각 노드들은 그 거래가 유효함을 확인하고 그 블록을 승인한다. 승인된 블록은 해시(Hash) 알고리즘을 통해 다음 블록과 연결된다. 블록 생성에 성공한 노드는 그 보상으로 해당 블록체인에서 사용하는 암호화 폐를 받게 된다. 이것이 블록이 생성되는 원리다.

블록체인(Block Chain)

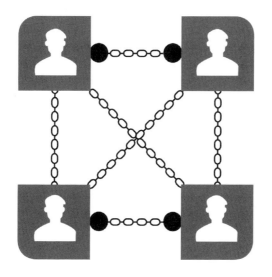

  사전적 의미로 블록체인은 '블록(block)을 잇달아 연결한 모음(chain)'이다. 블록체인 기술에서 말하는 블록은 일정 시간(비트코인의 경우 10분)의 거래 내역이 담긴 장부를 말한다. 10분간 거래된 모든 거래자의 거래장부를 암호화하여 한 블록에 담아 네트워크에 연결된 모든 참여자

에게 똑같이 분산하여 갖게 한다. 거래에 참여하는 모든 사람이 똑같은 거래 내역을 갖고 있고, 거래 시마다 대조하기 때문에 누군가 기록을 조작하려고 해도 사실상 불가능하다. 이로써 제3자가 거래를 보증하지 않고도 거래 당사자끼리 신뢰하고 거래할 수가 있다. 블록체인은 공인인증서와 같은 암호화 알고리즘을 사용하기 때문에 중앙 정부나 은행의 개입 없이도 자유로운 신용거래가 가능하다.

비잔티움

이더리움은 4단계 로드맵을 가지고 이더리움 생태계를 완성해가고 있다. 이 로드맵의 3단계를 메트로폴리스라고 부른다. 메트로폴리스 단계에서는 두 차례의 업그레이드가 계획되어 있다. 비잔티움(Byzantium)과 콘스탄티노플(Contantinople)이라는 2개의 하드포크가 그것이다. 비잔티움은 2017년 10월 16일 블록 넘버 4,370,000에서 진행되었고, 콘스탄티노플은 2018년에 출시될 예정이다. 메트로폴리스는 제1단계인 프론티어 단계에서 시작한 작업증명(Proof of work) 방식을 지분증명(Proof of Stake) 방식으로 전환하기에 앞서 준비를 마치는 단계다. 이와 같이

| 무역을 알면 돈이 보인다

무역의 신
이기찬 지음 | 13,800원

이 책은 무역현장의 생생한 모습을 전달하는 데 주안점을 두고 쓴 것이다. 따라서 무역에 문외한인 주인공을 내세워 실무현장에서 깨지고 부딪치면서 '무역의 신'으로 변모하기까지의 과정을 소설의 형식으로 흥미진진하게 담아냈다.

eBook 구매 가능

무역왕 김창호
최고의 무역전문가와 5일만에 마스터하는 무역실무
이기찬 지음 | 13,000원

저자가 대학생들을 상대로 5회에 걸쳐 하루 3시간씩 도합 15시간 동안 무역에 대해 강의한 내용을 대화체로 풀어썼다.

eBook 구매 가능

무역현장 전문가가 쉽게 풀어쓴 이기찬 무역실무 [최신 개정판]
이기찬 지음 | 24,000원

오랫동안 무역현장에서 일한 실전경험과 학교와 기업체 등에서 강의한 경험을 바탕으로 무역실무의 전체적인 내용을 알기 쉽게 풀어씀으로써 보다 효율적으로 무역실무를 익힐 수 있도록 한 정통 무역실무서이다.

eBook 구매 가능

그림으로 쉽게 배우는 무역실무 기본 & 상식
기무라 마사하루 지음
권영구 편역 | 15,000원

《인코텀즈 2010》의 핵심사항을 반영한 실전 무역서!

쉽게 배우는 무역영어 기본 실무
권영구 지음 | 18,000원

무역 초보자 기본서로서 바로 사용 가능한 영문 서류 샘플 수록!

7일만에 쉽게 끝내는 무역실무
7일만에 쉽게 끝내는 무역영어
이기찬 지음 | 각 15,000원

누구나 자신있게 무역업무를 처리하고 무역영어를 구사할 수 있도록 무역현장에서 꼭 필요한 실무지식을 엄선해서 소개한 무역입문서이다.

| 질병 치료 & 명의 베스트셀러

우리가 몰랐던
웃음 치료의 놀라운 기적
후나세 슌스케 지음
이요셉 · 김채송화 옮김 | 14,500원

알면 알수록 놀라운 웃음 면역학의 비밀 대공개!

우리가 몰랐던
항암제의 숨겨진 진실
후나세 슌스케 지음
김하경 옮김 | 14,500원

암보다 더 무서운 항암제의 실체를 파헤친 역작!

음식 궁금증 무엇이든 물어보세요
정지천 지음 | 15,000원

질병 궁금증 무엇이든 물어보세요
정지천 지음 | 16,000원

동국대학교 의료원 일산한방병원장 정지천 교수가 알려주는 건강비법! **eBook 구매 가능**

병에 걸리지 않는
생활습관병 건강백서
남재현 지음 | 15,000원

SBS 〈자기야 백년손님〉에 출연한 남재현 박사의 건강서!

eBook 구매 가능

EBS 명의 김찬 교수의
통증 이렇게 고친다
김찬 지음 | 올컬러 | 12,000원

〈EBS 명의〉 '통증 명의'와 동아일보 '베스트 닥터' 선정!

eBook 구매 가능

심장병 제대로 알면
건강이 보인다
이종구 지음 | 올컬러 | 14,000원

심장의학 최고 권위자 이종구 박사가 알려주는 심장병 치료법!

eBook 구매 가능

명의가 가르쳐주는
가정 동의보감
한승섭 지음 | 15,000원

현대인이 앓고 있는 각종 증상과 치료법을 그림과 함께 소개!

스스로 고치는
당뇨병 건강습관
오비츠 료이치 외 지음 | 한나 감수
박선무 · 고선윤 옮김 | 12,900원

당뇨 환자 500만 명 시대, 누구나 알아야 할 당뇨병 기초상식!

신비한 물 치료 건강법
F. 뱃맨겔리지 지음 | 이수령 옮김
14,000원

환자 3,000명을 물로 완쾌시킨 세계적인 명의!

| 음식 & 약초 & 지압 & 응급처치법

약, 먹으면 안 된다
후나세 슌스케 지음 | 강봉수 옮김
15,000원

우리가 몰랐던 약에 관한 충
격적인 진실!

골든타임 1초의 기적
[최신 개정판]
박승균 지음 | 13,000원

현직 소방관이 알려주는
119 응급처치!

eBook 구매 가능

누구나 쉽게 할 수 있는
약초 약재 300 동의보감
엄용태 글 · 사진 | 정구영 감수
올컬러 | 39,000원

약초 사진으로 보는 300가지
약재 학습 도감!

만병을 낫게 하는
산야초 효소 민간요법
정구영 글 · 사진
올컬러 | 43,000원

가정에서 손쉽게 효소 만드는
법, 효과 질환, 효능 소개!

한국의 산야초 민간요법
정구영 글 · 사진
올컬러 | 23,000원

뇌졸중, 치매, 암, 당뇨, 고혈
압을 치료하는 약초 학습 도감!

만병을 낫게 하는
기적의 꾸지뽕 건강법
정구영 글 · 사진
올컬러 | 16,000원

국내 최초로 출간된 기적의
열매 꾸지뽕의 모든 것!

당신의 몸을 살리는
야채의 힘
하시모토 키요코 지음
백성진 편역 · 요리 · 감수
올컬러 | 14,500원

각종 질병에 효과 있는 야채
요리 & 레시피 35가지!

혈액을 깨끗이 해주는
식품 도감
구라사와 다다히로 외 지음
이준 · 타카자와 야요이 옮김
18,000원

성인병의 공포로부터 벗어나
게 해주는 혈액 · 혈관 건강법!

질병을 치료하는
지압 동의보감 1, 2
세리자와 가츠스케 지음 | 김창환 · 김용석 편역 | 각 15,000원

20년 스테디셀러

그림을 보면서 누구나 쉽고 간단하게 따라할 수 있는 지압 건강서
로 1권 〈질병 · 증상편〉, 2권 〈신체부위편〉으로 구성되었다.

이더리움 하드포크는 기본 이더리움 프로토콜을 변경하여 시스템을 개선하기 위해 새로운 규칙을 만든다.

비잔틴 장군의 딜레마(Byzantine Generals Problem)

분산화된 P2P 네트워크상에서는 상대방의 신호가 모두 진짜라고 믿기 어렵다. 이 문제를 컴퓨터공학계에서는 '비잔틴 장군의 딜레마'라고 한다. 이 딜레마는 실제 역사적 사건이 아니라 분산 컴퓨팅에서 발생할 수 있는 신뢰와 합의의 문제를 함축한 우화다.

비잔틴 군대의 여러 사단이 적군의 도시 바깥에 진을 치고 있고 각 사단은 장군이 통솔하고 있다. 서로 멀리 떨어진 장군들은 공동의 행동 계획을 결정해야 한다. 이들 장군 중 배신자가 존재할 수도 있다. 이렇듯 여러 장군이 합의를 도출해내기 어려운 문제가 바로 비잔틴 장군의 딜레마다. 이와 같이 다수의 노드(Node)가 참여하는 분산 네크워크상에서 합의와 의사결정의 어려운 문제, 즉 비잔틴 장군의 딜레마를 비트코인은 작업증명(Proof of Work) 방식으로 해결했다.

비탈릭 부테린(Vitalik Buterin)

비탈릭 부테린은 1994년 1월 31일 생으로 러시아계 캐나다인이다. 세계 최정상의 프로그래머며 암호화폐 이더리움을 만든 창업자다. 그는 수학적 영재로 10세 때부터 독학하여 코딩을 해 온라인 게임을 만들었고, 17세에 비트코인을 접한 뒤 19세에는 이더리움 백서를 발간했다. 이더리움을 만들기 전에는 비트코인 매거진의 공동 창간자가 되어 대표 기고자로 활동하면서 비트코인에 관련된 많은 글과 논문을 기고했고, 여러 오픈소스 프로젝트에 참여하며 두각을 나타냈다. 그는 비트코인 내부에서는 변화를 이끌기까지 시간이 너무 오래 걸린다고 판단하여 마침내 이더리움을 만들게 되었다. 현재 스위스의 추크(Zug)에 살고 있다.

비트(Bit)

Binary Digit의 약칭이며, 수학이나 컴퓨터 분야 이진법의 최소 단위를 말한다. 컴퓨터의 기억장치는 모든 신호를 이진수로 고쳐서 기억한다. 이진수에서의 숫자 0, 1과 같이 신호를 나타내는 최소의 단위를 비트라 한다. 이

진수는 0 또는 1의 값밖에 없으므로 한 자리로는 두 종류밖에 구별할 수 없다.

$$1Byte = 8bits$$

즉, 비트 8개를 묶어서 한 문자로 표시한 것이 Byte다. 1Byte는 사람이 인식 가능한 최소 단위에 맞게 비트를 8개 묶은 단위다. 1Byte는 2의 8승인 256가지 값을 저장하거나 나타낼 수 있다. 영어 한 문자는 1Byte, 한글 한 문자는 2Byte를 차지한다.

비트코인 ATM

비트코인 ATM은 사용자의 전자지갑에 있는 비트코인을 팔아 현금으로 찾거나, 반대로 현금을 넣어서 비트코인을 충전할 수 있는 기기다. 우리나라의 경우 1인당 1회 30만 원, 하루 3회까지 만 원 단위로 거래할 수 있다.

이용자들은 코인 ATM 레이다(Coin ATM Radar)의 웹사이트를 통해 전 세계에 존재하는 비트코인 ATM의 위치를 검색할 수 있다. 코인 ATM 레이다에 따르면 전 세계 비트코인 ATM이 가장 많은 나라는 미국이고, 그 다음이 캐나다, 영국, 오스트리아, 스페인, 호주, 일본 순이다. 비트코인 ATM기는 대부분 북미와 유럽에 집중되어 있다.

비트코인 반감기(Bitcoin Reward Halving)

비트코인 반감기란 210,240개 비트코인 블록이 생성될 때마다(즉, 4년 주기) 채굴자들이 비트코인 1개 블록을 생성할 때 받는 수익을 절반으로 줄이는 것을 말한다. 2009년 처음으로 비트코인을 생성하기 시작해 4년 후 첫 반감기를 통해 채굴 수익은 50BTC에서 25BTC으로 50%가 줄었으며, 이렇게 매 4년마다 채굴 수익은 25BTC, 12.5BTC, 6.25BTC로 줄어든다. 이런 방식으로 64번의 반감기를 거쳐 2140년이 되면 채굴자들이 얻는 보상은 0%에 가깝게 된다. 비트코인 반감기는 공급을 줄여 비트코인 가치가 떨어지지 않도록 하기 위해 고안되었다.

비트코인을 돋보이게 한 사건들

비트코인에 대한 관심을 높여준 첫 번째 사건은 2013년 발생했던 키프로스 금융위기다. 키프로스는 러시아와 유럽계 자금의 세금 도피처 역할을 한 곳이다. 금융위기를 맞으면서 예금에 과세를 단행했는데 당시 이 자금 중 일부가 세금을 피하기 위해 비트코인으로 이동한 것으로 알려지면서 관심이 높아졌다. 당시 30달러였던 비트코인의 가격은 1개월만에 230달러로 무려 657%나 급등했다. 이 사건은 당시의 불확실한 경제·금융 환경과 맞물려 비트코인이 안전자산이라는 측면이 크게 부각되었다.

비트코인을 돋보이게 한 두 번째 사건은 독일 재무부가 2013년 "화폐를 민간에 맡겨야 한다"는 신자유주의 경제학자 하이에크(Hayek)의 이론을 거론하면서 비트코인을 세금 납부나 투자 목적의 거래도 가능한 계산화폐(Unit of Account)로 공인한 것이다. 역사상 최초로 암호화폐가 제도권의 공인을 받은 기념비적인 사건이다.

세 번째 사건은 일본이 2017년 자금결제법을 개정하면서 비트코인을 지급결제 수단으로 인정한 것이다. 일본이 비트코인을 지급결제 수단으로 인정한 것은 현금 중심의 거래를 부담스러워하는 외국인 등 경제 주체들의 편의성을 높여 비트코인을 활용해 경제 활력을 높이기 위한 조치라고 볼 수 있다. 또한 현금에 대한 선호가 높은 일본에서 외국인 관광객은 엔화로 환전해서 모든 거래를 해야 하는 것이 부담스러울 수 있고 거래를 위축시킬 수 있어 이에 대한 해결책으로 비트코인을 지급결제 수단으로 인정한 것이다.

비트코인의 탄생

2008년 10월 31일 암호학 전문가들과 아마추어 등 수백 명이 사토시(Shatoshi)로부터 이메일 한 통을 받았다. 사토시는 "저는 신뢰할 만한 제3자 중개인이 전혀 필요 없는 당사자 간 P2P로 운영되는 새로운 전자통화 시스템을 연구해오고 있습니다"라는 문구와 함께 9쪽짜리 보고서를 다운받을 수 있는 링크를 이메일에 담았다. 비트코인이 세상에 처음으로 등장하는 순간이다. 비트코인은 정부가 발행하는 법정화폐의 부작용(인플레이션 등)에 맞서 개인 간 거래(P2P)를 가능하게 해 탈중앙집중식 화폐의 성격을 갖는다.

빅데이터(Big Data)

빅데이터란 카카오톡, 트위터, 페이스북 등 SNS의 메시지와 영상, 인터넷, 지도 정보, 날씨 정보 등 이 세상에 존재하는 모든 종류의 데이터를 의미한다. 페이스북과 같은 SNS의 성장과 스마트폰과 모바일 기기의 확산이 결합되면서 데이터가 급격하게 증가하고 있다. 이러한 다양한 데이터를 수집하여 가치를 추출하고 결과를 분석하여 효율적으로 활용할 수 있다.

빅데이터 기술은 수많은 데이터 중에서 필요한 것만을 골라서 유용하게 가공 · 분석하는 기술이다. 수백수천 대의 서버들을 하나로 연결하여 대용량의 데이터를 처리하는 하둡(Hadoop)이라는 기술이 있다.

사노프의 법칙(Sarnoff's Law)

텔레비전, 라디오와 같은 전통적인 매체에서의 네트워크 가치는 시청자(Viewer)의 수에 비례하여 산술적으로 증가한다는 법칙이다. 시청자 수가 증가할수록 네트워크 가치는 우상향 직선을 그리며 상승하게 된다. 그러나 네트워크 환경에서의 네트워크 가치는 멧칼프의 법칙(Metcalf's Law)에 의하면 참여자 수의 제곱(n^2)에 비례하여 기하급수적으로 증가한다.

사물인터넷(Internet of Things)

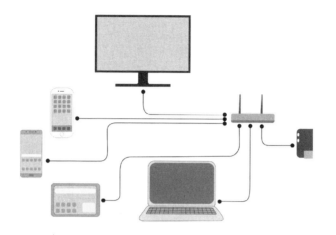

　사물인터넷이란 인터넷을 기반으로 모든 사물을 연결하여 사람과 사물, 사물과 사물 간의 정보를 상호소통하는 지능형 기술과 서비스를 말한다. 사물인터넷에 연결된 기기는 사물에 센서를 부착해 인터넷을 통해 데이터를 실시간으로 주고받게 된다.

　지금까지 인터넷에 연결된 기기들이 정보를 교환하기 위해서는 인간의 손길을 필요로 했다. 그러나 사물인터넷 시대가 열리면 인터넷에 연결된 기기는 사람의 도움 없이도 서로 알아서 정보를 교환하게 된다. 사물인터넷은 인공지능(AI), 자율주행, 드론, 5G(5세대 통신) 등과 함께 4

차 산업혁명의 주도적 역할을 하게 될 것이다. 암호화폐의 다양한 알트코인들 가운데 사물인터넷에 사용될 아이오타(IOTA) 같은 암호화폐가 등장하고 있다.

사이버펑크(Cyberpunk)

사이버펑크는 1980년 Bruce Bethke의 단편소설《사이버펑크》에서 처음 등장한 용어인데, 사전적으로는 사이버네틱스(cybernetics)와 펑크(punk)의 합성어다. 사이버펑크란 컴퓨터 활용이 고도화되고 사이버 네트워크 환경이 확장되면서 이에 반하는 일단의 사회운동의 흐름을 뜻한다. 1960년대 히피족처럼 개인의 자유와 프라이버시를 중요하게 여기며 정부나 국가 권력, 기존의 기득권 사회 계급으로부터 벗어나 독립된 삶을 존중받고자 하는 사회 현상이다. 중앙집권화된 국가와 기업 구조에 대항하며 탈중앙화, 자율화를 옹호하고 지향한다.

비트코인의 탄생 배경도 이런 흐름과 다르지 않다. 2008년 글로벌 금융위기 이후 중앙통제식 화폐 시스템에 의해 남발되는 달러의 문제점을 해결하고자 하는 아이디어가 비트코인을 탄생하게 했다.

사토시 나카모토(Satoshi Nakamoto)

사토시 나카모토는 2008년 www.bitcoin.org 홈페이지에 발표된 논문 〈비트코인 : 개인 대 개인 전자화폐 시스템, Bitcoin : A Peer to Peer Electronic Cash System〉의 저자로 비트코인의 개발자다. 사토시 나카모토는 가명이기 때문에 한 명의 개인인지 아니면 다수로 구성된 단체인지는 아직까지 밝혀지지 않았다.

2009년 1월 비트코인을 공개한 후 처음으로 비트코인을 채굴하여 최초의 블록인 제네시스 블록(Genesis Block)을 생성했고, 총 100만 개를 채굴한 뒤 2011년 4월 아무런 자취도 남기지 않고 사라졌다. 그 후 실제 인물이 누구인지를 둘러싸고 다양한 논의가 있었지만 아직까지 밝혀지지 않은 채 미지의 인물로 남아 있다.

세그윗(SegWit)

세그윗은 Segregated Witness의 약자로 '인증 분리'라는 의미다. 거래 내역을 블록에 기록할 때 이 거래 내역이 사실이라는 증거로 전자서명(signature)을 포함시킨다. 따라서 블록 안에는 거래 데이터와 전자서명 데이터가 함께

들어 있다. 그런데 이 전자서명을 따로 분리해 블록 사이즈를 직접적으로 증가시키지 않으면서도 증가 효과를 나타내고자 하는 것이 바로 세그윗이다. 다시 말해 세그윗이란 블록 안에 들어 있는 전자서명을 따로 떼어내 다른 층(layer)에 보관하는 것을 말한다.

세그윗을 하게 되면 블록 용량의 많은 양을 차지하고 있던 전자서명이 제외되고, 가벼워진 블록은 더 많은 양의 원장 전송을 처리할 수 있게 된다. 비트코인의 블록 크기 확대 방안으로 BIP 9(Bitcoin Improvement Proposal 9, 비트코인 개선안 9)가 나왔다. 이 개선안의 내용이 세그윗이다.

소리바다

2000년에 소리바다에서 개발한 P2P 방식의 MP3 음악 공유 프로그램이다. 사용자끼리 서로의 MP3 파일을 검색하고 무료로 다운로드 받을 수 있는 개인 간(P2P) 프로그램으로 출발하였다. 저작권 침해 문제로 서비스 중지 가처분 결정을 받았고, 2006년 7월 소리바다5로 전면 유료화 서비스로 전환함으로써 저작권 침해의 소지를 없앴다.

소프트웨어 지갑(Software Wallet)

소프트웨어 지갑은 인터넷과 연결된 핫월렛(Hot Wallet)이다. 이 지갑은 온라인상에서 간단하게 지갑을 생성할 수 있으며 입금과 송금이 편리하다. 소프트웨어 지갑은 인터넷과 연결되어 있으므로 해커로부터 공격을 받을 우려가 있어 하드웨어 지갑에 비해 보안성이 떨어진다. 소프트웨어 지갑에는 웹 지갑과 클라이언트 지갑이 있다.

소프트포크(Soft Fork)

하드포크와는 달리 큰 업그레이드가 아닌 간단한 업그레이드를 말한다. 소프트포크는 기존 버전과의 호환성 유지는 물론 업데이트를 하지 않아도 정상적인 운영이 가능하다. 다시 말해 블록체인이 둘로 분리되지 않음을 의미한다.

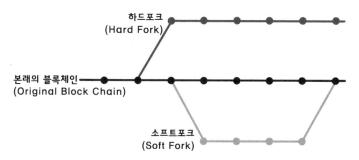

블록체인 기술에 기반한 암호화폐들은 중앙 관리 주체가 없는 탈중앙화를 지향하며, 소프트웨어의 업그레이드를 사용자 자율에 맡기고 있다. 업그레이드에 찬성하는 사용자와 반대하는 사용자 간에 분쟁이 발생하게 되면 이러한 분쟁으로 인해 블록체인이 분리되는 하드포크가 일어난다. 업그레이드를 제안하는 것은 BIP(Bitcoin Improvement Proposal)라 하고, 이것을 수용해 실시하게 되면 하드포크(hard fork)가 일어나게 되는 것이다. 블록 분리만 일어나고 노드(Node)가 끊어지거나 추가되지 않는 것은 소프트포크(soft fork)라고 한다.

스냅샷(Snapshot)

암호화폐 거래소에서 특정 시점을 기준으로 암호화폐의 소유주와 소유량을 파악하는데 이런 작업을 스냅샷이라고 한다. 특정 시점을 사진으로 찍어 소유 증거를 확인하는 작업을 말한다. 주식의 유상증자 또는 배당 기준일과 같은 개념이다. 하드포크를 진행할 때 하드포크 시점에 비트코인 소유자에게 동일한 수량만큼 새로운 코인을 분배하기 위하여 스냅샷을 하게 된다.

스마트 계약(Smart Contract)

　스마트 계약은 한마디로 블록체인상에서 자동으로 실행되는 프로그래밍 코드를 말한다. 이더리움은 비트코인의 블록체인 기술을 이용하여 대금 결제, 송금 등 금융거래뿐 아니라 모든 종류의 계약을 처리할 수 있도록 기능을 확장했는데, 이 기능을 스마트 계약(Smart Contract)이라고 부른다. 스마트 계약은 미리 지정해놓은 특정한 조건이 일치될 경우 자동으로 계약이 실행되는 프로그램이다. 즉, 계약 당사자 간의 상세 계약 내용을 블록체인 위에 기록하고 그 가치에 해당되는 이더를 계약에 귀속시킨다. 계약이 성립되면 자동적으로 결제가 이루어지게 된다.

　스마트 계약 기능을 사용하면 개발자가 직접 계약조건과 내용을 코딩할 수 있기 때문에 원칙적으로 인간이 상상할 수 있는 모든 종류의 계약을 이더리움 플랫폼을 이용해 구현할 수 있다. 뿐만 아니라 스마트 계약 기능에 의해 이더리움 플랫폼 위에서 많은 토큰(Token)이 발행되고 있고, 다양한 디앱(dApp)이 개발되고 있다.

시뇨리지(seigniorage)

국가가 화폐 발행으로 인해 얻게 되는 이득을 말하는데 기축통화 효과 또는 화폐 주조 차익이라고도 한다. 중세 봉건 영주, 즉 세뇨르(seignior)들이 돈을 찍어 판 데서 생긴 말이다. 구체적으로는 화폐의 액면 가치와 실제로 만드는 데 들어간 비용 간의 차액을 가리킨다. 지폐의 경우 제조 비용이 많이 들지 않으므로 정부는 지폐 발행액 대부분을 주조 이득으로 얻게 된다.

시빌 공격(Sybil Attack)

시빌 공격은 일종의 네트워크 해킹 공격으로 특정한 목적을 얻기 위해 한 명의 행위를 여러 명의 행위인 것처럼 속이는 공격 형태를 의미한다. 시빌 공격은 실제로 다양한 네트워크 시스템의 기능을 무력화하는 데 사용될 수 있다.

실생활에서 찾아볼 수 있는 시빌 공격의 피해 사례로는 토렌트(Torrent)와 같은 P2P 기반의 서비스에서 평판이 좋은 어플리케이션을 다운로드 받아서 사용하다 보면 악성코드였던 사례가 있다. 즉, 악성코드 유포자 한 명이 악성코드를 좋은 프로그램인 척 인터넷 공간에 퍼뜨린 뒤에 여러 개의 계정을 만들어서 '이 프로그램은 아주 우수한 프로그램이다'라고 소개해 다운받게 한다. 네이버(Naver)와 같은 포털 사이트에 파일을 업로드하면 자동으로 악성코드 검사가 진행된다. 네이버라는 중앙 기관이 개인 간의 통신에 개입하기 때문에 시빌 공격이 원천적으로 차단되는 것이다. 그러나 개인이 1:1로 파일을 전송하는 P2P 시스템에서는 중간에서 악성코드를 검사해주는 기관이 없으므로 악성코드 검사가 기술적으로 어려워진다.

P2P 시스템을 근간으로 하는 결제 시스템은 개인의 신원을 증명할 수 없기 때문에 시빌 공격의 대상이 되지만 블록체인 기술은 이러한 공격을 효과적으로 해결해줄 수 있다. 시빌(Sybil)은 다중인격장애를 가지고 있었던 한 여성의 필명에서 명명된 단어다.

알고리즘(Algorithm)

어떤 문제를 해결하기 위한 절차, 방법, 명령어들의 집합을 알고리즘이라고 한다. 수학적, 비수학적인 모든 문제들을 논리적으로 해결하기 위해서는 어떤 절차나 방법이 필요하다. 사람의 경우에는 굳이 말하지 않아도 눈치껏 처리할 수 있는 일이라고 해도 컴퓨터가 그렇게 해주기를 바랄 수는 없다. 컴퓨터에서는 정확하게 처리 순서와 내용, 방법 등을 입력해야만 실행할 수 있다.

어떤 프로그래밍을 할 때 프로그래밍 코드 작성 이전의 과정, 즉 절차나 방법을 정하는 계획 단계가 알고리즘이고, 알고리즘을 짠 후에는 코딩이라는 컴퓨터 언어를 적용해서 소프트웨어를 완성하게 된다. 예를 들어, '1부터 100까지 더하여 결과를 출력하라'는 내용이 있을 때 1부터 100까지를 어떻게 더할 것인지를 결정하는 과정이 알고리즘이다.

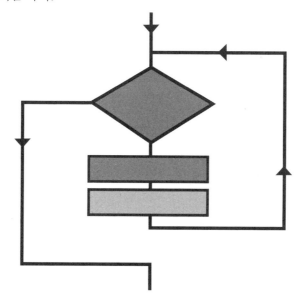

알트코인(Alter Coin)

컴퓨터 자판에서 Alt 키는 'Alternative Key'의 준말로 다른 키의 기능을 대체한다. 알트코인(Alter Coin)이란 Alternative Coin을 줄여서 부르는 말로 비트코인(Bitcoin)

이외의 모든 암호화폐를 말한다. 알트코인은 초기에는 주로 비트코인을 대체하거나 비트코인의 문제점을 개선할 목적으로 만들어졌지만, 지금은 비트코인과는 매우 다른 특성과 효용성을 제공하는 코인도 만들어지고 있다. 알트코인의 등장으로 비트코인에 대한 진정한 경쟁이 펼쳐졌다.

암호 방식(Crypto System)

암호는 문장이나 데이터를 어떤 정해진 규칙에 따라 원래 내용을 알 수 없도록 변환하는 것을 말한다. 암호 방식에는 대칭키 암호 방식과 비대칭키 암호화 방식이 있다. 대칭키 암호 방식은 암호화(encryption)와 복호화(해독, decryption)에 같은 열쇠를 사용하는 암호를 말하고, 비대칭키 암호 방식은 키의 일부를 공개해두고 암호화와 복호화에 다른 키를 사용하는 암호를 말한다.

암호화의 원리

공개키(Public Key)로 잠그면(암호화하면) 개인키(Private Key)로만 열리고(복호화되고), 개인키로 잠그면 공개키로만 열린다. 개인키로 잠근 후 사방에 뿌리는 방식은 모두에게 자신이 진짜라는 것을 증명할 때 쓴다. 상대방의 공개키로 잠그고 상대방에게 넘기는 것은 이 내용을 네트워크상 누군가가 조작하는 것을 방지하기 위함이다. 이것은 상대방 개인키로만 열 수 있으므로 절대 조작이 불가능하다.

암호화폐 거래소(Crypto Currency Exchange)

암호화폐 거래소는 암호화폐를 매매할 수 있는 민간의 거래소다. 거래소는 회원(가입자)이 신속하게 거래할 수 있도록 중앙처리 방식으로 거래를 중계하고, 그 대가로 수수료를 받는다. 운영 방식은 증권 거래소와 유사하며 24시간 쉬지 않고 운영된다. 국내 거래소로는 업비트, 빗섬, 코빗, 코인원 등이 있으며, 해외 거래소로는 비트렉스(Bitterrex), 폴로닉스(Poloniex), 바이넌스(Binance) 등이 있다. 암호화폐 거래소는 아직까지 제도적 뒷받침 없이 민간 자율로 만들어져 운영되고 있다. 따라서 거래소의 자본금, 주주 구성, 보안 시스템 등을 확인해야 하고, 거래소 선택에 신중을 기할 필요가 있다.

암호화폐 신용등급 평가(Credit Rating)

영국의 피치, 미국의 무디스와 스탠더드 푸어스는 국가의 신용도와 기업의 신용등급을 평가하는 국제적인 신용평가기관이다. 이들 평가기관은 기업에 대해서 재무적 건전성과 부채상환 능력 등을 중심으로 평가하여 등급을 매긴다. 암호화폐 시장에서도 암호화폐에 대한 신용등급을 평가하는 기관이 등장하고 있다. 1971년에 설립되어 55,000여 기관을 평가한 미국의 신용평가사 와이스 레이팅스(Weiss Ratiings)가 암호화폐의 신용등급을 발표했고, 글로벌 투자 리서치 회사인 모닝스타(Moring Star)는 일본에서 ICO 신용평가 서비스를 준비하고 있다.

암호화폐 평가 서비스가 확산되면 투자자 입장에서는 신뢰할 수 있는 더 많은 정보를 얻을 수 있다. 암호화폐의 제도화가 앞당겨지는 촉매제가 될 것이고, 여러 평가기관의 경쟁으로 평가에 있어 신뢰성도 높아지게 될 것이다. 이들 기관의 암호화폐에 대한 평가 기준과 항목은 암호화폐의 기술력, 보안성, 가버넌스 지배 구조, 확장성, 브랜드, 거래 규모와 시장 지배력 등 다양하게 정해질 것이다.

암호화폐의 내재 가치(Intrinsic Value)

주식의 내재 가치는 회사의 미래이익을 요구수익률로 할인하여 얻어지는 자본환원 가치다. 즉, 미래의 기대이익을 적절한 위험조정할인율로 환원한 현재 가치다. 인터넷의 발달로 네크워크 비지니스가 활성화됨에 따라 플랫폼 경제(Platform Economy)에서의 플랫폼 기업들은 이전과 다른 네트워크 효과(Network Effect)가 나타나므로 주식의 내재 가치 분석과는 다른 방법이 적용될 수 있다.

노벨경제학상을 수상한 프랑스 장티롤(Jean Tirole) 교수의 플랫폼 이론, 인터넷의 모체인 이더넷의 개발자 로버트 멧칼프(Robert Metcalf)와 인터넷 기본언어 개발자 데비드 리드(David Reed)가 제시한 네트워크 가치 분석 방법이 내재 가치를 구하는 툴(tool)이 될 수 있다. 암호화폐 역시 플랫폼 경제의 특성을 지니므로 네트워크 가치 분석의 방법이 준용될 수 있다.

암호화폐(Crypto Currency)의 명칭

암호화폐는 아직 국제적으로도 그 명칭이 정리되지 않았다. 우리나라에서는 대중적으로 암호화폐라 부르고, 일본은 가상통화, 중국도 대중적으로는 허의(虛擬)화폐(암호화폐를 의미함), 숫자(數字)화폐(디지털 화폐를 의미함)라 부른다. 또한 일반적으로 언론에서는 가밀(加密)화폐(암호화폐를 의미함)라 쓰고, 영어권에서는 크립토 커런시(Cryptocurrency, 암호화폐)라 쓰고 있다.

암호화폐는 블록체인 기술 기반 하의 해시 함수를 통해 암호화한 것이므로 '암호화폐'라는 용어가 좀 더 명확한 개념이다. 암호화폐는 싸이월드의 도토리나 신용카드사의 포인트와 같은 사이버 머니(Cyber Money)와는 전혀 다른 개념의 화폐다.

암호화폐의 은어(Slang)

암호화폐 투자자들끼리 정보를 공유하기 위해 전용 커뮤니티에서 사용하는 그들만의 은어가 유행처럼 번지고 있다. '가즈아'는 자신이 산 코인이 목표한 가격까지 오르기를 열망하는 뜻으로 '가자'를 길게 늘려 발음한 말이다. '존버'는 비속어인 '존나게 버틴다'를 축약한 말로 코인의 가격이 내려가도 오를 때까지 팔지 않겠다는 의미로 쓰인다. 이들 은어는 제도권의 주식시장에서는 쓰이지 않는 말이며, 암호화폐의 초창기 시장에서 가격 변동성이 심한 국면에 투자자들의 심리가 노출된 표현이다. 암호화폐가 제도권으로 편입되면 이들 은어도 사라지게 될 것이다.

앤트풀(AntPool)

앤트풀은 중국에 있는 세계 최대 비트코인 마이닝 풀(Mining Pool)이다. 중국은 전 세계 비트코인 채굴의 절반을 차지하며, 앤트풀은 비트코인 채굴점유율 17.6%로 세계 1위다. 앤트풀은 중국 최대 비트코인 채굴 장비 생산 업체인 비트메인사(Bitmain Technologies, 대표 우지한)가 운영한다.

양면시장(Two-sided Market)

플랫폼 비지니스라고도 불리는 양면시장은 우리가 일반적으로 '시장'이라고 지칭하는, 즉 수요자와 공급자가 존재하는 단면시장(one-sided market)과는 대조되는 개념이다. 양면시장에서는 서로 다른 두 이용자 집단이 플랫폼을 통해 상호작용을 하며 경제적 잉여를 창출한다. 또한 양면시장에는 서로 다른 이용자 집단 간 간접 네트워크 효과(Indirect Network Effect)가 있는데, 상대방의 존재가 다른 일방의 효과를 높여주는 것이다. 나이트클럽에서 '여성 무료, 남성 유료'와 같은 비즈니스 전략이나 페이스북(Face book)과 같은 플랫폼이 가입자를 기반으로 광고수익을 얻는 비즈니스가 그 대표적 사례다.

영지식 증명(Zero-Knowledge Proof)

영지식 증명이란 한 사람이 다른 사람에게 사실의 증명에 관한 어떠한 정보도 보이지 않고 사실의 증명을 알 수 있도록 만드는 방법이다. 영지식 증명은 암상화폐 거래에서 거래 제공자가 공개하는 것 이외에는 제공받는 사람이 어떤 정보도 알 수 없도록 설계되었다. 따라서 모든 트랜잭션의 프라이버시를 보호함으로써 지급거래 자체는 공개 블록체인에 게시되지만 거래 상대방과 금액은 암호화되어 있어 보안이 유지된다. 거래자와 블록체인 값을 모두 드러내지 않는 프라이버시 기능과 당사자들이 서로의 신원을 확인하지 않고 돈을 교환할 수 있도록 하는 기능을 가지고 있다. 암호화폐 제트캐시(Z Cash)는 영지식 증명 기술을 기반으로 한 zk-SNARKs라는 알고리즘을 개발하여 철저한 익명성을 보장한 거래를 가능하게 했다.

오픈소스(Open Source)

오픈소스는 저작권자가 소스 코드를 공개하여 누구나 특별한 제한 없이 자유롭게 사용, 복제, 배포, 수정할 수 있는 소프트웨어다. 프로젝트에 대한 공개적 협업(public collaboration)의 장을 만들고 다수의 참여자가 보완하고 개선함으로써 소프트웨어의 신뢰성과 품질이 향상된다. 블록체인 기반 하에서 모든 프로그램은 오픈소스다.

우지한(Wu Jihan, 吳忌寒, 1986년생, 중국인)

우지한은 중국 최대 비트코인 채굴 장비 생산업체인 비트메인(Bitmain Technologies Ltd.)의 대표며, 2017년 8월 1일 비트코인 하드포크를 통해 비트코인 캐시(BCH)를 탄생시킨 인물이다.

우지한은 중국 베이징 대학에서 심리학과 경제학을 전공한 뒤 사모펀드 회사의 재무 전문가로 활동하다가 2011년 비트코인에 투자해 큰 돈을 벌었다. 2013년에 반도체 디자인 전문가 미크리 쟌(Micree Zhan)과 함께 비트코인 장비 생산업체인 비트메인 사를 설립했다. 비트메인 사는 세계에서 가장 큰 비트코인 마이닝 풀인 앤트풀(AntPool) 의 운영 회사다.

웨어러블 기술(Wearable Technology, 착용기술)

IT(정보통신)기기를 사용자의 신체에 부착하거나 지니고 다닐 수 있도록 만드는 기술을 말한다. 시계나 안경, 옷, 헬멧 등과 같이 일상생활에서 사용되는 사물과 스마트 센서, 저전력 무선통신, 모바일 운영 체제 등 IT기술과 접목되어 언제 어디서나 사용자에게 컴퓨팅 환경을 제공한다. 웨어러블 기술은 착용 컴퓨터(Wearable Computer), 스마트 워치 등 HMD(Head-Mounted Display)와 같은 가상현실 체험기기, 스마트 의류(Smart Clothes), 의료 등으로 응용되어 개인 용도뿐만 아니라 산업, 군사, 의료 등 다양한 분야에서 활용되고 있다.

이더리움 Gas Fee

이더(ETH)를 송금할 때 Gas Fee라는 수수료를 지불하게 된다. Gas Fee는 이더리움 플랫폼상에서 스마트 계약

(Smart Contract)을 통해 거래하는 데 지불되는 비용을 말한다. 이것은 블록체인을 유지하는 노드, 즉 마이너들에게 지급되는 요금이다.

가스(Gas)는 블록체인상의 컴퓨터, 즉 노드(Node)들의 사용량을 측정하는 단위다. 사용량을 측정하는 이유는 마이너들에게 인센티브를 제공하기 위해서다. 컴퓨터들이 더 많은 행동을 하기 위해서는 더 많은 가스가 필요하다. 더 많은 하중을 처리하기 위해서는 더 많은 가스를 필요로 한다는 의미다. ICO의 오픈과 같은 시기에는 트랜잭션이 급격히 늘어나고 더 많은 가스가 필요해진다. Gas Limit을 많이 지정할수록 실패 확률이 줄어든다. 수수료는 'Gas량 × Gas가격'으로 계산된다. 성공하지 못한 트랜잭션이라도 마이너들에게 보상으로 지불되는 비용 때문에 Fee가 나가도록 되어 있다

이더리움 Gas Limit

모든 이더(ETH) 거래에는 Gas Limit와 Gas Price가 포함되어 있어야 한다. Gas Limit는 지금 사용자가 하려는 거래, 즉 발생하는 작업량에 수반되는 최대 Gas 예상

치다. Gas Price는 경매처럼 지불하고자 하는 호가가격 (Bid Price)이다. 당연히 Gas price가 높을수록 거래에 소요되는 시간이 단축된다.

이더리움 로드맵 4단계

이더리움 재단에 의하면 이더리움은 4단계 로드맵을 거쳐 이더리움 생태계를 완성한다. 1단계 프론티어(Frontier)는 암호화폐인 이더(ETH)를 채굴하고 네트워크를 형성하는 단계인데, 2015년 7월 30일에 진입했다.

2단계 홈스테드(Homestead)는 이더리움이라는 신대륙에 가정집이 하나둘씩 생기듯이 이더(ETH)인 인센티브를 바탕으로 네트워크가 형성되어 본격적인 이더리움 생태계가 구축되는 단계인데, 2016년 3월 14일에 진입했다.

3단계 메트로폴리스(Metropolis)는 가정집들이 모여 도시가 형성되는 것처럼 이더리움의 대중화를 위한 사회적 인프라가 형성되는 단계다. 이를 위해 두 번의 하드포크를 진행할 예정인데, 2017년 10월 16일 4,370,000번째 블록을 기준으로 1차 비잔티움(Byzantium) 하드포크가 이루어졌다. 2018년에 2차로 콘스탄티노플(Constantinople)

하드포크가 진행될 예정이다. 이를 통해 이더리움 채굴 방식은 작업증명(POW)에서 지분증명(POS) 방식으로 전환하게 된다.

4단계 세레니티(Serenity)는 모든 변화 후에 평온 또는 평정을 찾는 마지막 단계다. 채굴 방식은 완전히 지분증명(POS) 방식으로 전환하고, 이더리움 생태계는 완성된다.

이중지불(Double Spending)

이중지불이란 실제로는 하나뿐인 코인으로 두 가지 거래를 동시에 일으키는 부정행위를 말한다. 분산화된 컴퓨터 네트워크상에서는 서로 간에 보내주는 신호들이 진실이 아닌 경우가 종종 발생한다. P2P 네트워크상의 오래된 신뢰의 문제라 할 수 있는데, 이 문제는 암호화폐 네트워크상에서도 내재한다. 즉, 실제로는 하나뿐인 코인으로 두 가지 거래를 동시에 일으키는 경우에 하나는 결제가 가능하지만 다른 하나는 거짓이 되어버린다. 악의적으로 시간차를 이용하여 사용하면 바로 이중지불(double spending) 문제가 발생한다. 비트코인에서는 이를 작업증명(POW) 방식을 통하여 획기적으로 해결했다.

인사이드 비트코인(Inside Bitcoin)

　인사이드 비트코인은 비트코인 분야의 국제 컨퍼런스 (International Conference)다. 매년 미국, 영국, 독일, 홍콩 등 세계 12개국을 순회하는 국제 행사로 비트코인 분야에서 그 권위를 인정받고 있다. 이 컨퍼런스에 블록체인과 암호화폐의 세계적인 전문가와 ICO 관련 업체, 각종 스타트업 기업들이 참가하여 주요 아젠다를 정해 발표하고 토론한다.

재정거래(Arbitrage)

동일한 상품에 대해 두 시장에서 서로 가격이 다른 경우 가격이 저렴한 시장에서 그 상품을 매입하고 가격이 비싼 시장에서 그 상품을 매도해 이익을 얻고자 하는 거래를 말한다. 차익거래라고도 한다. 국내외 암호화폐의 가격 차이를 이용하여 시세가 저렴한 거래소에서 암호화폐를 구입한 뒤 가격이 비싼 거래소로 옮겨와 매도하여 차익을 실현한다. 재정거래를 통해 거래소 간 가격 차이는 해소되고 시장은 균형을 찾게 된다.

전자서명(Digital Signature)

　전자서명은 인터넷 환경에서 특정한 사용자를 인증(Authentication)하기 위해 사용한다. 인증이란 특정인이 진짜 그 사람인지를 확인하는 절차다. 일반적으로 전자서명의 인증은 비공개키(개인키) 알고리즘과 공개키 알고리즘의 조합을 사용한다. 전자서명은 자신을 다수의 타인에게 증명하는 기능이므로 암호화 과정에서 자신만 아는 비밀키, 즉 개인키(private key)를 사용한다. 암호화한 전자서명은 다수의 타인이 확인하므로 해독 과정에서는 공개키(public key)를 사용한다.

전자화폐(Electronic Cash)

　IC카드 또는 네트워크에 연결된 컴퓨터에 은행예금이나 현금 등이 전자적 방법으로 저장된 것으로 현금을 대체하는 전자지급 수단이다. 마이크로 칩이 내장되어 금액의 정보가 디지털화되어 저장되어 있다. 대표적인 전자화폐로 교통카드를 들 수 있다. 전자화폐는 다른 말로 디지털 캐시(digital cash), 사이버 캐시(cyber cash), E-캐시 등으로 불리기도 한다.

제네시스 블록(Genesis Block)

비트코인 블록체인에서 최초로 생성된 블록을 제네시스 블록이라고 한다. 비트코인 창시자로 알려진 사토시 나카모토가 처음 비트코인 프로그램을 실행(채굴)하여 최초의 블록 #1을 만들었다.

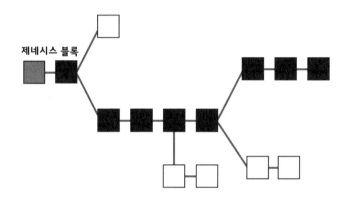

위 그림에서 보면 각 블록은 이전 블록을 근거로 생성된다(왼쪽에서 오른쪽 방향으로). 회색 블록은 최초의 블록인 제네시스 블록(Genesis Block)이다. 검정색 블록은 해시 파워(CPU Power)를 통한 경쟁에서 승리하여 블록 생성에 성공함으로써 블록체인의 일부가 된 블록들이다. 흰색 블록은 경쟁에서 실패하여 네트워크에 공유되지 못하며 블록체인의 일부가 되지 못한다. 이들 블록은 폐기된

다. 제네시스 블록부터 출발하여 경쟁에서 이긴 블록으로 이루어진 체인을 주체인(Main Chain)이라 하고, 경쟁에서 실패한 흰색 블록을 탈락 블록(Orphan/Stale/Invaid Block)이라고 한다. 주체인(Main Chain)상의 블록에 포함되어 있는 데이터만이 유효한 것으로 인정받게 된다.

지갑(Wallet)

암호화폐는 법정화폐와 달리 개인이나 회사의 돈을 맡아주는 은행이라는 개념이 없다. 따라서 채굴 또는 매매를 통해 소유한 암호화폐를 안전하게 보관할 수 있는 지갑(wallet)이 필요하다. 암호화폐의 지갑에는 형태에 따라 소프트웨어 지갑, 하드웨어 지갑, 종이 지갑 등이 있다. 마이이더월렛(MyEtherWallet)과 같은 특정한 웹사이트의 웹 지갑이 소프프웨어 지갑이고, USB 형태의 레저나노(Ledger Nanos)가 대표적인 하드웨어 지갑이다. 지갑은 자신의 지갑 위치를 지정한 지갑 주소와 지갑에 들어 있는 암호화폐를 확인, 송금, 인출하기 위한 개인키(private key)로 구성된다.

채굴 시스템(Mining System)

채굴이란 컴퓨터를 통해 비트코인을 캐는 것을 말한다. 비트코인을 캔다는 것은 다른 말로 하면 비트코인을 발행한다는 의미다. 이 말은 채굴자가 곧 화폐의 발행자라는 의미가 된다. 비트코인을 채굴하기 위해서는 고성능 컴퓨터를 구입하여 채굴 프로그램을 돌려 컴퓨터가 복잡한 연산을 하게 한다. 특별히 사람이 할 일은 없다. 컴퓨터를 24시간 켜두고 전기요금을 부담하기만 하면 된다.

컴퓨터 화면에 어지러운 숫자와 코드들이 뜨는데, 최근 10분간 쌓인 전 세계 비트코인 거래 내역을 검증하고 암호화해 저장하는 과정이다. 그 대가로 일정량의 비트코인을 받는다. 비트코인 개수는 총 2,100만 개로 제한돼 있는데 이런 채굴 과정을 통해 시장에 풀린다. 즉, 비트코인 블록체인을 유지하기 위해 채굴자들에게 보상을 주고 그들로부터 컴퓨터 자원을 제공받는 프로세스가 바로 채굴 시스템이다.

채굴기의 종류(Mining Machine)

채굴기에는 두 종류가 있는데 ASIC 채굴기와 GPU 채굴기다. 초기에는 개인 컴퓨터 CPU로도 채굴이 가능했다. 하지만 점차 채굴의 난이도가 높아지면서 채산성이 나오지 않자 ASIC(주문형 반도체) 채굴 전용 장비가 개발되었는데, 이것은 ASIC 칩을 통해 해시 파워(Hash Power)를 높인 것이다. GPU 채굴기는 컴퓨터에 그래픽카드 여러 장을 라이저 카드(Riser Card)로 연결해 해시 파워를 높인 것이다.

초연결 사회(Hyper Connected Society)

인터넷과 통신기술의 발달에 따라 사람과 사람, 사람

과 기기, 기기와 기기가 네트워크로 연결된 사회를 말한다. 사물인터넷(IoT : Internet of Things), 만물인터넷(IoE : Internet of Everything) 등을 기반으로 구현되며 스마트홈이 대표적인 예다. 또한 초연결 사회는 개인, 커뮤니케이션뿐만 아니라 여론 형성 과정, 정책 결정, 의사 결정 등에도 영향을 미친다.

초연결 사회라는 용어는 2001년 캐나다 사회과학자 Anabel Quan-Hasse과 Barry Wellman이 처음 사용하였으며, 소셜 미디어 및 IT 혁명으로 사람과 사람, 사람과 단말기, 단말기와 단말기 간에 이메일, 클라우드, 문자 메시지 등 다양한 커뮤니케이션 장치로 긴밀하게 연결되어 있는 사회를 의미한다.

ㅊ

코인 물타기

물타기 전략은 코인 트레이딩(Trading)을 할 때 비전문가들이 흔히 사용하는 전략으로서 매입한 코인이 평가손이 났을 때 해당 코인을 저가로 추가 매입해서 평균단가를 낮추는 전략이다. 이 방법은 투자론 교과서에도 나오지 않는 대중적인 투자전략이다.

물타기 매입은 두 가지 위험이 있다. 첫째, 특정 코인에 집중 투자하게 됨으로써 전체 코인 포트폴리오의 안정성이 낮아진다. 둘째, 물타기 매입 후 코인 가격이 추가로 하락하면 대규모 손실을 초래하게 된다.

코인(Coin)과 토큰(Token)

자체 블록체인 기반에서 발행된 것은 코인(Coin)이라 부르고, 자체적인 블록체인을 갖지 않고 기존의 다른 블록체인 플랫폼 기반 위에서 발행된 것은 토큰(Token)이라고 부른다. 예를 들면, 이더리움의 스마트 계약(Smart Contract)에 의해 생성된 화폐, 즉 이더리움 플랫폼 위에서 생성된 화폐는 자체 블록체인에서 발행된 것이 아니므로 토큰이 된다. 이 토큰이 새로운 기능을 추가하고 보완하여 자체의 플랫폼으로 이동하면 이때부터 코인이라고 부르게 된다.

콜드월렛(Cold Wallet)

암호화폐의 안전한 보관을 위해 온라인과 연결을 끊은 지갑을 콜드월렛이라고 한다. 하드웨어 지갑(Ledger Na-noS, Trezo)과 종이 지갑이 이에 해당한다. 반면 암호화폐 거래를 위해 온라인에 연결된 지갑은 핫월렛(Hot Wallet)이라고 부른다. 암호화폐 거래소 지갑이나 웹 지갑이 핫월렛에 속한다. 암호화폐 거래소는 해커로부터 고객의 자산을 안전하게 보관하기 위하여 고객자산의 20% 정도는 핫월렛에 두고, 나머지는 온라인과 연결을 끊어 콜드월렛에 보관한다.

크라우드 펀딩(Crowd Funding)

군중(crowd)으로부터 자금조달(funding)을 받는다는 의미로서 자금을 필요로 하는 수요자가 온라인 플랫폼 등을 통해 불특정 다수의 대중으로부터 자금을 조달받는 방식을 말한다. 새로운 아이디어를 갖고 있으나 기술 개발 및 회사 운영상의 이유로 자금이 부족하게 된 경우 증권회사 등 중개하는 회사 없이 인터넷상 불특정 다수로부터 자금을 조달받는다. 주로 소셜네트워크서비스(SNS)를 통해 펀딩을 하기 때문에 소셜 펀딩(Social Funding)이라고도 한다.

크라우드 펀딩은 주식시장에서의 IPO(기업공개), 유상증자에 의한 조금조달과 같이 엄격한 심사나 규정이 적용되지 않기 때문에 다소 간편하고 임의적인 소규모 자금조달 방식이다. 암호화폐 시장에서의 ICO(Initial Coin Offering)도 자금조달 방식이 크라우드 펀딩과 유사해 ICO 크라우드 펀딩이라 불리기도 한다. 최근 ICO 방식으로 자금을 조달하는 기업이 늘고 있어 ICO 클라우드 펀딩은 새로운 자금조달 방식으로 자리를 잡아가고 있다.

크립토 키티즈(Crypto Kitties)

크립토 키티즈는 블록체인 기술이 적용된 이더리움 기반의 게임이다. 이더리움 플랫폼 기반에서 개발된 디앱(dApp)의 하나로 '고양이 만들기' 게임인데, 이더리움의 스마트 계약(Smart Contract) 기능에 게임이 접목된 것으로 이더리움의 확장성을 보여준다. 친숙하고 직관적인 게임 분야에 블록체인 기술을 접목해 출시와 함께 주목받았다.

게임 방법은 비교적 간단하다. 사용자는 고양이 캐릭터를 교배해 특별한 품종을 만들어내서 게임을 즐긴다. 자신의 고양이 캐릭터를 다른 사용자와 거래할 수 있다. 희귀한 품종일수록 높은 가격에 거래된다.

클라우드 마이닝(Cloud Mining)

클라우드 마이닝은 Cloud와 Mining의 합성어다. 클라우드(Cloud)는 사업자의 서버를 의미하고, 마이닝(Mining)은 채굴을 뜻한다. 즉, 사업자 서버에서의 채굴이라는 의미다. 암호화폐를 채굴하기 위해서는 채굴기를 구입해 채굴할 수 있는데, 이것을 직접채굴이라고 한다. 채굴기를 구입하지 않고 클라우드 마이닝 업체에 위탁하여 간접채굴 방식으로 할 수도 있다.

클라우드 마이닝 업체에 돈을 지불하면 업체는 나를 대신해 암호화폐를 채굴해준다. 위탁의 개념인데 이 경우에는 채굴 장비를 구매하여 직접 세팅하는 번거로움이 없다. 채굴기를 구입하지 않고 채굴 업체의 해시 레이트(Hash Rate)만 구입하면 된다. 클라우드 마이닝 서비스 회사로 유명한 곳은 독일의 제네시스 마이닝(Genesis Mining)과 에스토니아의 해시코인즈(Hashcoins)가 있다.

킬러 앱(Killer App, Killer Application)

제품이 시장에 등장하자마자 경쟁제품보다 우월한 지위를 차지하여 경쟁제품을 몰아내고 시장을 완전히 재편할 정도로 인기를 누리는 상품이나 서비스를 말한다. 1999년 미국 노스웨스턴 대학교의 래리 다운스(Larry Downes) 교수가 금속활자, 도르래, 증기기관, 백열전구, 엘리베이터, 원자탄 등을 '킬러 애플리케이션(killer application)'이라고 명명하면서부터 시작됐다. 미국 실리콘밸리나 보스턴의 테크놀로지 센터 같은 곳에서 만들어진 소프트웨어 '둠'이나 '스타크래프트' 등을 킬러 애플리케이션이라고 부른다. 암호화폐에서도 이더리움을 기반한 디앱(dApp)이 러시를 이루면서 킬러 앱이 나올 가능성이 커지고 있다.

킬러 콘텐츠(Killer Contents)

시장을 재편할 만큼 매력적인 제품이나 서비스를 말한다. 미디어 시장의 판도를 뒤흔들 만큼의 영향력을 지닌 핵심 콘텐츠다. 경쟁 콘텐츠보다 우위를 차지하면서 다른 콘텐츠들을 선도하고, 미디어가 폭발적으로 성장하는 계기가 되기도 한다. 킬러 콘텐츠가 생산되면 영화, 만화, 게임, 음악 등 다양한 미디어에 접목하여 그 규모를 확장시킨다. 또한 초기 투자비용 대비 파급효과가 크기 때문에 미래 산업을 이끌어갈 신성장동력으로 꼽힌다.

ㅋ

탈중앙화(Decentralized)

1900년대 후반부터 시작되어 2000년대 초반 본격적으로 도입된 인터넷은 권력의 집중화, 지식의 집중화로 오히려 민주주의와 역행하는 중앙화(centralized)의 시대로 흘러갔다. 모든 정보가 중앙 서버에 집중되면서 오히려 사회적 비용을 더 많이 지출하는 형태로 진전되었다. 인터넷이 발달할수록 서버의 용량과 그 중요성이 대두되어 서버를 유지하고 개선하는 데 많은 금액이 투자되었고, 해커들의 공격 대상이 중앙 서버 한 곳이 되면서 오히려 위험이 증가하는 현상이 발생하기도 했다.

20여 년간 지속된 인터넷 혁명 속에서 사람들은 그것의
단점을 극복하기 위해 끊임없는 노력을 기울여왔다. 이것
이 바로 탈중앙화(decentralized)를 통한 집중과 권력의
분산이다. 블록체인 기술의 핵심 원리는 분산(distributed)
을 통한 탈중앙화다.

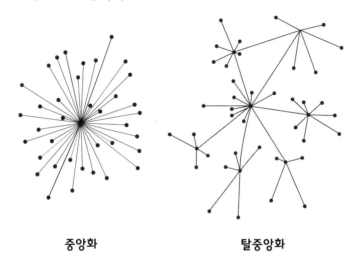

중앙화   탈중앙화

태환화폐/불환화폐

태환(convertibility)이란 금과 교환한다는 의미다. 은행
권을 금으로 교환하는 것을 금태환이라 하고, 이 은행권
을 태환화폐라고 한다. 이와 같이 태환성을 유지하는 것
이 금본위제의 기초다. 일반적으로 태환화폐는 금과 교환

이 가능한 1971년 이전의 달러를 말하고, 불환화폐는 금과 교환이 불가능한 1971년 닉슨 쇼크 이후의 달러를 말한다. 닉슨 쇼크란 1971년 미국 닉슨 대통령이 더이상 달러를 금으로 교환해줄 수 없다고 선언한 것이다.

불환화폐는 금태환이 불가능한 화폐로 중앙은행의 신용에 의해 발행되는 화폐다. 1971년 미국의 금태환 포기 이후 오늘날 유통되고 있는 각국의 모든 법정화폐는 불환화폐다. 관리통화제도에 따라 통화 공급량이 조정되고 신용을 유지하고 있기 때문에 태환 없이도 안정적인 가치로 유통되고 있으나 불환지폐의 남발은 인플레이션의 요인이 된다. 2008년 미국발 금융위기 이후 대규모 통화 공급, 즉 양적완화 정책에 따라 달러를 비롯한 각국의 통화가치 하락이 우려되면서 이에 대한 반작용으로 디플레이션형 화폐인 비트코인이 탄생하게 되었다.

탱글 방식(Tangle)

탱글 방식은 사용자가 1개의 거래를 하기 위해서 앞선 2개의 거래에 대한 컨펌을 진행하는 네크워크 방식이다. 2개의 검증을 진행할 때는 POW 방식의 컴퓨팅 파워가 소요된다. 블록체인 방식은 채굴자와 사용자의 분리된 구조로 채굴자가 검증을 한다. 반면 탱글 방식은 채굴자는 없고 사용자만 존재하는 구조이므로 사용자가 검증도 하게 된다.

탱글 방식에서 네트워크 거래가 발생되면 사용자는 이전 다른 2개의 거래를 검증한다. 이 방식은 사용자가 늘어날수록 네트워크를 확장할 수 있게 하는 동시에 비용 문제도 없앤다. 대부분의 암호화폐는 블록체인 방식을 택하고 있으나 아이오타(IOTA)는 탱글 방식을 택하고 있다.

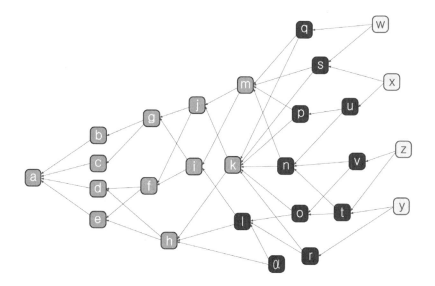

토렌트(Torrent)

토렌트는 개인 간(P2P)의 파일 공유 프로그램이다. 하나의 파일을 여러 조각으로 쪼개 프로그램 사용자끼리 인터넷상에서 직접 공유하는 프로그램으로서 송수신되는 파일 용량에 제한이 없다. 개봉 전의 영화, 음악, 드라마 등 불법 복제물 다운로드를 가능하게 해주는 씨앗 파일(seed file) 공유를 주 목적으로 운영된다.

우선 사용자가 토렌트 소프트웨어를 컴퓨터에 설치하고 다운로드 받은 씨앗 파일을 실행하면, 전 세계 여러 곳에서 동시에 파일을 가져올 수 있어 다운로드 속도가 매우 빠를 뿐 아니라 무료로 내려받을 수 있다는 장점이 있다. 토렌트는 중간 서버 없이 torrent라는 확장자를 가지며 같은 파일을 소유한 사람만 공유하는 탈중앙화된 P2P 방식이다. 현재 가장 많이 사용하는 토렌토 프로그램은 uTorrent, BitComet, BitTorrent다.

튜링 완전성(Turing Completeness)

영국의 수학자 앨런 튜링으로부터 고안된 개념으로 추상적인 개념의 튜링 완전언어를 사용하고 무한한 저장

공간이 있다는 가정 하에서 모든 수학적인 문제를 풀 수 있는 컴퓨터 언어가 있다는 개념이다. 튜링 완전(Turing Completeness)이란 어떤 프로그래밍 언어나 추상 기계가 튜링 기계와 동일한 계산 능력을 가진다는 의미다. 이 것은 튜링 기계로 풀 수 있는 문제, 즉 계산적인 문제를 그 프로그래밍 언어나 추상 기계로도 풀 수 있다는 뜻이다. 그런 측면에서 인공지능과 유사하다고도 할 수 있다. 블록체인에서 튜링 완전성이 대두되는 이유는 이더리움 등의 무한히 확장 가능한 블록체인을 이용한 계약과 강제집행 과정에서 프로그램이 필요한 로직을 스스로 코드로 작성해 확장해나갈 수 있도록 고안되었기 때문이다.

트랜잭션(Transaction)

블록체인에서 트랜잭션은 노드를 통해 자신의 변경된 원장 기록을 전파하는 과정을 의미하며, 이 과정을 진행하기 위해 노드들에 의해 해당 거래가 유효한 거래인지 확인하는 절차를 밟는다. 확인 과정에서 사용자의 주소가 존재하는지, 보내는 지갑의 잔고가 송금액과 같은지 등 수십 가지 검증을 받게 된다. 검증이 끝난 트랜잭션은 다시 MEMPOOL에 모여 수수료가 높은 순서대로 정렬된 후 특정 마이너의 채굴이 완료된 블록에 담겨 다시 노드들에 공유된다. 노드들은 채굴자에게 받은 블록이 이전의 블록과 일치하는지 확인 후 맞으면 새로운 블록을 받아들이고 새로운 블록체인을 보유하게 된다.

포모 증후군(FOMO Syndrome)

포모는 'Fear of Missing Out'의 약자로 자신만 기회의 흐름을 놓치고 있는 것 같은 심각한 두려움 또는 세상의 흐름에서 자신만 제외되었다는 공포를 나타내는 일종의 고립 공포감을 뜻한다. 암호화폐가 출현하여 가격이 가파르게 상승하자 상승세에 동참하지 못하는 것에 대한 투자자의 우려를 지칭하는 용어로 쓰인다. 이와 같이 기회를 잃을 것을 두려워하거나 불안해하는 증상을 포모 증후군(FOMO Syndrome)이라고 한다.

원래 포모(FOMO)는 제품의 공급량을 줄여 소비자를

조급하게 만드는 마케팅 기법이었다. '매진임박', '한정수량' 등이 포모 마케팅의 한 예다. 포모가 질병으로 인식되기 시작한 것은 2004년 이후인데, 하버드와 옥스퍼드 대학에서 포모를 사회병리 현상의 하나로 주목하며 수많은 논문을 발표했다. 미국에서 50%가 넘는 성인이 포모 증세로 고통을 겪고 있다는 통계도 있다.

풀노드(Full Node)

풀노드는 블록체인을 통째로 다운받은 개체, 즉 블록체인 장부 전체를 가지고 있는 컴퓨터를 말한다. 풀노드는 모든 블록을 가지고 있기 때문에 다른 피어들에게 블록 정보를 줄 수 있는 상태가 된다. 만일 풀노드가 네트워크상에 한 명도 연결되어 있지 않으면 블록체인 시스템은 돌아가지 않게 된다. 풀노드가 없으면 거래 검증이 불가능하므로 풀노드는 블록체인 시스템이 유지되는 데 중요한 역할을 한다. 블록체인의 용량은 시간이 지날수록 지속적으로 늘어가기 때문에 성능이 좋은 컴퓨터만이 모든 블록체인을 다운받을 수 있는 풀노드가 될 수 있다.

프로토 타입(Prototype)

프로토 타입은 사전적으로 견본이라는 뜻이다. 대량 생산에 앞서 미리 제작해보는 견본 또는 시제품으로서 제작물의 모형을 말한다. 소프트웨어 개발에서는 정식 절차에 따라 완전한 소프트웨어를 만들기 전에 사용자의 요구를 받아 일단 모형을 만들고 이 모형을 사용자와 의사소통하는 도구로 활용한다. 일례로 본격적인 게임 개발에 앞서 재미 요소나 구현 가능성 등을 검증하기 위해 간단하게 핵심 기능만 구현해 제작한 시제품을 만든다. 다른 예로는 아파트 모델하우스도 대표적인 프로토 타입이다. 프로토 타입을 만드는 일을 프로토타이핑(prototyping)이라고 한다.

프로토콜(Protocol, 통신 규약)

프로토콜은 데이터를 분할할 때의 분할 방법과 사용법을 규정한 통신 규약이다. 데이터를 송수신할 때 분할하는 고정된 작은 단위를 패킷이라고 한다. 프로토콜은 ISO, EIA, IEEE, CCITT, IAB, IETF 등의 기관에서 정의한 개념이 RFC-XXXX 형태로 공표되면 해당 스펙에 준해

OSI-7 Layer의 각 단계에 따라 하드웨어적 또는 소프트웨어적으로 구현된다. 대표적인 인터넷 프로토콜인 HTTP의 경우 TCP/IP 위에서 동작하며, Request, Response의 교환 과정에서 전송되는 요청 코드와 응답 코드를 스펙에 따라 전송하면 웹서버와 웹브라우저가 정의된 스펙을 Parsing 과정을 거쳐 해석하도록 되어 있다.

프리 라이더 문제(Free Rider Problem)

프리 라이더(Free rider)는 원래 요금을 지불하지 않고 대중교통을 이용하는 무임승차자를 일컫는 말인데, 공공재에 대하여 대가를 지불하지 않고도 사용할 수 있는 무임승차자의 발생과 그에 따른 문제를 설명하기 위해 경제학 용어로 사용되었다.

일반적인 재화나 서비스는 대가를 지불하지 않고는 사용할 수 없으며 공급이 한정되어 있어 소비자 간에 경합이 발생한다. 그러나 국방 서비스나 치안 시스템과 같은 공공재의 경우 비배제성(대가를 지불하지 않은 사람이 이용하는 것을 배제하기 어려운 특징)과 비경합성(한 사람의 소비가 다른 사람이 소비할 기회를 감소시키지 않아 수요의 경쟁이 생기지 않는 현상)이라는 특징 때문에 무임승차자가 발생하기 쉽다. 무임승차자의 발생은 자원이 비효율적으로 배분되는 시장 실패를 초래할 수 있다.

무임승차는 구체적으로 두 가지 문제를 야기한다. 하나는 무임승차자의 소비로 인한 공공재나 공공 서비스의 공급 부족 현상이다. 또 다른 하나는 공유 자원의 남용으로 인한 사회문제 발생으로 공공시설물 파괴, 환경오염 등이 이에 해당한다. 이러한 문제 때문에 국방, 사회기간망 건설 등 중요한 공공재는 정부에서 직접 공급에 나서게 된다.

암호화폐 시장에서도 중앙화된 제3자를 배제하고 분권화된 시스템(decentralized)을 선택하고 있기 때문에 암호화폐 플랫폼 기반의 다양한 디앱(dApp)들이 시도되고 있는데, 일각에서는 뚜렷한 성과를 얻지 못하는 원인으로 프리 라이더 문제를 지적하기도 한다.

프리세일(Pre-Sale)

프리세일은 ICO(Initial Coin Offering, 암호화폐 공개)에서 경영진이나 일정 규모 이상의 자본금을 가진 사람들이 제한적으로 참여하는 얼리백커(Early Backer) 단계에 이어 일반인이 참여할 수 있는 최초의 ICO 단계를 말한다.

플랫폼(Platform)

플랫폼은 원래 기차역의 승강장이라는 의미지만 산업계에서는 거래를 원하는 복수의 집단들을 연결해주는 일종의 촉매 역할을 하는 매개체 또는 공간의 의미로 사용된다. 인터넷 경제가 활성화되면서 제품이나 서비스를 중개하고 연결시켜주는 과정에서 수익을 창출하는 장터(market place) 개념의 플랫폼 비즈니스(Platform Business)가 활성화되고 있다. 이것은 인터넷 환경의 경제에서 상품이나 서비스의 거래가 주로 네트워크를 통해 이루어지기 때문이다.

예를 들면, 구글의 경우는 정보를 필요로 하는 네티즌과 그들에게 홍보나 광고를 하는 사람 또는 기업을 서로 연결해주는 대표적인 플랫폼 비즈니스 형태라 할 수 있다. 또한 암호화폐 가운데 이더리움은 스마트 계약(Smart Contract) 기능을 통해 플랫폼 환경을 만들었기 때문에 이더리움 플랫폼 기반 하에서 많은 토큰(Token)과 디앱(dApp)이 만들어지고 있다.

피자 데이(Pizza Day)

비트코인으로 사상 처음 피자를 구매한 날이 2010년 5월 22일이다. 미국 플로리다주 잭슨빌에 사는 라스즐로 한예츠(Laszlo Hanyecz)라는 비트코인 보유자가 피자 두 판을 배달해주면 1만 비트코인을 지불하겠다고 약속했고, 나흘 만인 5월 22일에 실제 거래에 성공한 것이다. 비트코인 이용자들은 해마다 5월 22일을 피자 데이로 정해 기념하고 있다.

핀테크(Fintech)

핀테크는 금융(finance)과 기술(technology)이 결합한 서비스 또는 그런 서비스를 하는 회사를 가리키는 말이다. 금융과 IT의 융합을 통한 금융 서비스 및 산업의 변화를 통칭한다. 대표적인 사례로는 모바일뱅킹, 앱카드, 카카오페이 등이 있다.

하드웨어 지갑(Hardware Wallet)

암호화폐를 채굴하거나 매매하는 사람 대부분은 소프트웨어 지갑인 웹 지갑이나 거래소 지갑을 이용한다. 소프트웨어 지갑은 인터넷에 연결되어 있는 핫월렛(Hot wallet)이므로 해커의 공격으로부터 자유롭지 않다. 안전하게 코인을 보관하기 위해서는 해커의 공격에 노출되지 않는 하드웨어 지갑을 이용하는 것이 좋다. 하드웨어 지갑은 USB와 같은 형태고, 잃어버리면 새 하드웨어 지갑을 사서 단어키(Recovery Phrase)로 그대로 복원도 가능하다. 하드웨어 지갑에는 레저나노(Leger Nano S), 트레저(Trezor) 등이 있다.

하드포크(Hard Fork)

식탁에서 사용하는 포크(fork)는 '갈래가 지다' '분기하다(diverge)'라는 의미가 있다. 하드포크는 소프트웨어의 업그레이드를 진행했을 때 어떠한 결함으로 인해 업그레이드 전과 후 두 가지 버전의 소프트웨어가 존재하게 되면서 서로 연동되지 않는 시스템으로 나눠져 분열되는 것을 말한다. 기존 블록체인과 호환되지 않는 새로운 버전의 블록체인으로 업데이트하게 되는 것이다.

하드포크(Hard Fork)

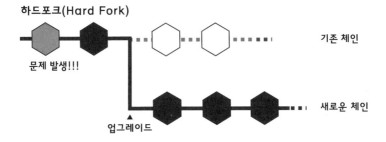

하드포크는 기술적인 결함을 수정하거나 새로운 기능을 업그레이드하기 위한 목적으로 시행된다. 다시 말하면 기존 블록체인과 호환되지 않는 새로운 블록체인에서 다른 종류의 암호화폐를 만드는 것이다. 하나의 암호화폐가 2개로 분리되는 현상이다.

하드포크는 기존의 룰은 유효하지 않고 새로운 룰만 유효하므로 둘 사이의 호환이 불가능하다. 반면 소프트포크(soft folk)는 기존의 룰로 만들어진 블록체인을 유효하게 인정하므로 이 둘은 서로 호환(compatible)이 가능하다. 비트코인 캐시(BCH)와 비트코인 골드(BTG)는 비트코인(BTC)의 하드포크를 통해 발행되었고, 이더리움 클래식(ETC)은 이더리움(ETH)의 하드포크를 통해 탄생하였다.

합의 메커니즘(Consensus Mechanism)

블록체인 사용자라면 누구나 데이터를 입력, 변경 또는 삭제할 수 있다. 따라서 제3의 신뢰기관(TTP : Trust Third Party) 없이 신뢰성 있는 거래를 하기 위한 근간 기술인 합의 알고리즘 사용이 반드시 필요하다. 합의 알고리즘을 이용하면 권한이 있는 사용자끼리의 특정 매커니즘 작동 후 블록체인에 저장되는 데이터의 신뢰성을 보장받을 수 있다. 그로 인해 블록체인의 상태가 안전하게 업데이트되고 유지되어 블록체인 내의 데이터 무결성이 보장된다.

핫월렛(Hot Wallet)

인터넷에 연결된 지갑을 핫월렛(Hot wallet)이라고 하고, 연결되지 않은 지갑을 콜드월렛(Cold Wallet)이라고 한다. 암호화폐 거래를 위해 온라인에 연결된 지갑은 핫월렛(Hot Wallet)이다. 암호화폐 거래소에서는 고객의 자산을 안전하게 보관하기 위하여 고객 자산의 20% 정도는 핫월렛에 두고, 나머지는 온라인과 연결을 끊어 콜드월렛에 보관하고 있다.

해시(Hash)

해시의 원래 의미는 컴퓨터 기억장치 속에 있는 불필요하게 된 데이터를 뜻한다. 블록 길이(block length)에 맞추기 위해서 메모리에 기입된 의미 없는 정보도 해시다. 블록체인에서 말하는 해시는 임의의 길이를 갖는 메시지(예, 거래 기록)를 입력하여 무작위로 정해진 길이의 문자열로 치환하는 것을 말한다.

해시 함수(Hash Function)에 의해 얻어지는 해시값을 일반적으로 해시라고 한다. 해시값은 정보의 양과 종류에 관계없이 일정한 길이로 산출되는 임의의 알파벳과 숫자의 조합 형태를 가진다. 비트코인 블록의 해시는 약 10분간의 거래 내역과 직전 블록의 해시와 논스(nonce), 이 세 가지를 바탕으로 만들어진다. 여기에서 논스는 한 번만 사용되는 임의의 숫자들이다. 이것을 바꾸게 되면 블록의 해시는 다른 값이 된다. 또한 비트코인에서는 계산된 해시의 첫 부분에 제로가 일정 개수 이상 나열되어서는 안 된다.

비트코인에서 사용하는 SHA256 방식의 해시는 항상 256bit 크기의 키값을 가진다. 어떠한 문자열이라도 256bit의 키로 나온다. 이것은 16진수로 256bit를 표현한 값이다. 즉, 그 내용이나 크기에 상관없이 언제나 32바이트, 즉 64자리 길이의 결과값으로 치환한다.

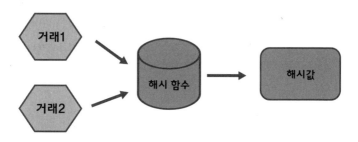

해시 레이트(Hash Rate)

해시 레이트란 초당 해시값 계산 횟수의 총합을 말한다.

해시 레이트는 네트워크에서 직접 측정되는 값은 아니다. 암호화폐의 연산작용 과정에서 얻을 수 있는 채굴의 성공 확률과 실제로 채굴에 성공한 시간으로부터 도출되는 이론값이라 할 수 있다.

해시 속도

해시 속도는 비트코인 네트워크의 처리 능력을 측정하는 단위다. 비트코인 네트워크는 보안상의 이유로 고강도의 수학 연산을 처리해야 한다. 네트워크가 10Th/s의 해시 속도에 달했다는 말은 1초에 10조 개의 계산을 할 수 있음을 의미한다.

해시 캐시(Hash Cash)

비트코인 네트워크 참여자, 즉 노드(컴퓨터)가 거래 내역을 기록하는 블록을 생성하여 그 보상으로 비트코인을 받기 위해서는 해시 캐시라는 문제를 풀어야 한다. 이는 특정한 조건을 가지는 해시값을 찾아내는 작업이다. 비트코인 블록의 해시는 약 10분간의 거래 내역과 직전 블록의 해시와 논스(nonce), 이 세 가지를 바탕으로 만들어진다. 따라서 해시값을 찾아내기 위해서는 논스값을 조금씩 바꿔가며 일일이 대입해 계산하는 시행착오(Trial and Error)를 거쳐야 한다.

수학적으로 어렵지는 않지만 계산해야 하는 양이 매우 많다. 계산 속도가 빠른 컴퓨터일수록 목표값을 빨리 찾아낼 가능성이 높지만, 계산에는 확률적 요소가 들어 있으므로 계산 속도가 빠른 컴퓨터가 반드시 승리를 한다는 보장은 없다. 올바른 논스값을 찾아내면 이것을 사용해 계산한 블록의 해시가 설정된 제약을 만족시키는지 확인한다. 이 방법을 해시 캐시라고 한다.

해시 트리(Hash Tree)

해시 트리는 1979년 Ralph C. Merkle가 최초로 제안한 것으로 머클 트리(Merkle Trees)라고도 부른다. 해시 트리는 다음 쪽의 그림과 같이 구성된다.

Leaf 노드는 데이터 블록(파일이나 파일들의 집합)의 해시값이고, 각 노드들은 자식의 해시값을 나타낸다. 부모 노드의 top은 top hash(root hash 혹은 master hash)라고 불린다. 다음 그림과 같이 각각의 속성들을 해시하여 이진 트리를 생성한 후 top hash를 이용하여 메시지를 검증한다. 이렇게 Hash Tree를 이용한 검증 방법을 Tree Authentication(인증)이라고 한다. Tree Authentication 에서 가장 중요한 것은 top hash의 인증이다. Merkle은 올바른 top hash 값을 검증자가 가지고 있다고 가정하고 메시지 인증을 한다.

해시 트리는 여러 블록으로 나뉜 데이터를 전송할 때 데이터가 변조되지 않았음을 보장하는 용도로 사용된다. 특히 P2P 망에서 전송받은 데이터에 오류가 있거나 악의 적인 데이터 변조가 있는지를 검증하는 용도로 사용된다.

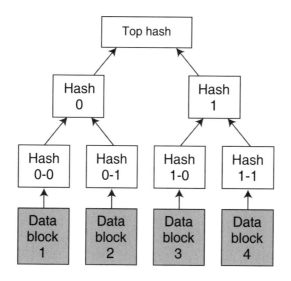

해시 파워(Hash Power)

해시 파워는 암호화폐를 채굴할 때 노드가 복잡한 연산 문제를 계산해내는 속도, 즉 컴퓨팅 파워를 의미한다. 해시 파워가 높을수록 초당 계산할 수 있는 문제가 많아지므로 채굴이 더 빨리 된다. 따라서 해시 파워는 블록체인 네트워크에서 채굴자의 채굴 역량을 나타낸다. 해시 파워의 단위는 KH/s, MH/s, GH/s, TH/s의 네 가지가 있다.

1KH/s = 1,000 Hashes Per Second

1MH/s = 1,000,000 Hashes Per Second

1GH/s = 1,000,000,000 Hashes Per Second

1TH/s = 1,000,000,000,000 Hashes Per Second

해시 함수(Hash Function)

해시 함수는 임의의 길이를 갖는 메시지를 입력하여 고정된 짧은 길이의 해시값을 출력하는 함수다. 각 메시지마다 해시값이 다르기 때문에 해시 함수는 메시지의 무결성을 확인하는 방법으로 메시지의 내용이 변경되지 않았다는 것을 보장해준다.

또한 해시 함수는 일방향 함수를 포함하고 있기 때문에 해시값에서 원문을 재현할 수는 없다. 다시 말해 해시 함수의 불가역성 때문에 해시의 결과값을 통해 입력값을 역으로 계산해내기는 불가능하고, 같은 해시값을 가진 다른 데이터를 작성하기도 극히 어렵다. 이런 특성을 이용해서 통신의 암호화 보조 수단이나 사용자 인증, 디지털 서명 등에 응용되고 있다. 암호화 해시 함수의 종류로는 MD5, SHA 계열 해시 함수가 있는데, 비트코인 시스템이 채택한 암호화 해시 함수의 이름은 SHA256이다.

해커(Hacker)

원래는 컴퓨터에 관하여 뛰어난 기능을 가진 이를 존경의 의미로 해커라고 불렀다. 하지만 현재는 시스템을 정지시키거나 네트워크를 마비시키는 등의 장애를 일으키는 이를 해커라고 부른다. 일반적인 의미로 사용되는 해커를 컴퓨터 네트워크 용어로는 크래커(Cracker)라고 부른다.

ㅎ

AI(Artificial Intelligence, 인공지능)

학습, 문제 해결, 패턴 인식 등과 같이 주로 인간 지능과 연결된 인지 문제를 해결하는 데 주력하는 컴퓨터 공학의 한 분야로 컴퓨터 프로그래밍에 의해 만들어진 인공적 지능을 말한다.

클라우드 컴퓨팅 환경의 급속한 발전과 빅데이터가 뒷받침되면서 AI는 급속한 속도로 발전하고 있다. 알파고와 이세돌의 바둑 대국에서 보여주듯이 AI는 미래에 다양한 분야에서 인간의 일을 대체하게 될 것이다. 인간처럼 행동하는 컴퓨터를 만드는 것이 최대의 관심사인 컴퓨터

과학의 한 분야로 AI라는 용어는 1956년에 MIT의 John MaCarthy에 의해 처음 만들어졌다.

Air Drop(에어 드랍)

항공기에서 목표 지역에 병력, 장비 및 물자를 투하하는 행위를 군사적 용어로 에어 드랍(Air Drop)이라고 한다. 코인시장에서 사용하는 에어 드랍이란 보유한 코인에 대하여 일정 비율에 따라 다른 새로운 코인을 무상으로 나눠주는 것을 말한다. 증권시장에서의 배당금이나 무상증자와 유사하나 다른 코인을 준다는 점에서 차이가 있다.

API(Application Programming Interface)

API는 응용 프로그램에서 사용할 수 있도록 운영 체제나 프로그래밍 언어가 제공하는 기능을 제어할 수 있게 만든 인터페이스를 말한다. 웹프로그램(웹서비스)에서는 API를 제공하는 주체의 데이터베이스를 정해진 API 규칙에 따라 간접 접근할 수 있도록 열어주는 인터페이스의 의미로 쓰인다. 퍼블릭 API와 프라이빗 API로 나뉘며, 프라이빗 API의 경우에는 별도의 인증키를 해당 주체로부터 발급받아야 접근이 가능하다.

ASIC(Application Specific Integrated Circuit, 주문형 반도체)

사용자의 주문에 맞춰 설계 및 제작해주는 주문형 반도체를 말한다. 퍼블릭 블록체인 네트워크에서의 채굴을 위해서는 무작위 대조 작업을 반복적으로 진행해야 하는데, 이때 CPU 파워보다는 GPU 파워가 더 효율적이다. ASIC는 주문형 반도체라는 의미지만 블록체인에서는 해시 작업에 특화된 GPU의 부품만을 모아서 하나의 기판에 집적하는 용도로 쓰인다.

Chatbot(챗봇)

챗봇이란 소위 '채팅하는 로봇'이다. 정해진 응답 규칙에 따라 사용자의 질문에 응답할 수 있도록 만들어진 시스템이다. 인공지능을 기반으로 사람과 자동으로 대화를 나누는 소프트웨어다.

인공지능(AI)과 빅데이터 분석 기술을 기반으로 기계가 음성·문자 등을 식별할 수 있는 패턴 인식 기술, 인간의 언어를 컴퓨터에 인식시켜 질의응답·번역 등에 활용하는 자연어 처리 기술, 컴퓨터가 정보를 이해하고 논리적으로 추론할 수 있는 시멘틱 웹 기술, 문자로 구성된 데이

C

터에서 유용한 정보를 찾아내는 텍스트 마이닝 기술, 대화 상대의 상황과 문맥을 파악하는 상황 인식 컴퓨팅 기술 등을 기반으로 한다.

챗봇을 도입하면 인력을 줄여 비용을 절감할 수 있고, 소비자가 상담원을 기다리지 않고 시간과 장소에 관계없이 정보를 알 수 있다는 장점이 있다.

D2D(Device to Device)

기기 간 통신을 일컫는 말이다. 기계와 기계, 즉 사물과 사물을 제어하는 M2M(Machine to Machine)과 구분된다. 주로 모바일 기기를 대상으로 근거리에 있는 기기들끼리 직접 통신할 수 있는 기술이다. 대표적으로 블루투스가 있다.

DAO(Decentralized Autonomous Organization)

독일의 스타트업인 Slock.it 사는 2016년 중앙집권 주체의 개입 없이 개인들에 의해 자율적으로 운용되는 이더리움 기반의 가상 조직 The DAO를 구축했다. The DAO

는 마치 실제 법인과 유사한 형태를 띠면서도 블록체인 특유의 익명성과 탈중앙성이라는 특성을 보유하고 있어 투자자들로부터 많은 관심을 받았다.

The DAO는 2016년 6월, 암호화폐를 통한 자금조달 방식인 ICO를 통해 무려 1억 5,000만 달러에 달하는 이더리움을 조달했다. 투자자들은 이더(ether)를 투자해 투자금액과 같은 비율로 다오 토큰(DAO Token)을 받았으며, 프로젝트가 성공하는 경우에는 자신들이 보유한 다오 토큰만큼 수익 분배금을 받는 구조였다.

Slock.it 사는 The DAO에서 진행되는 사업을 활용해 수익을 창출할 계획이었지만 스마트 계약의 허술한 보안을 노린 해커가 시세로 5,000만 달러에 달하는 이더리움 360만 개를 타 계좌로 훔쳐갔고, 결국 The DAO는 주요 거래소에서 상장 폐지되었다. 이더리움 재단은 이 사건을 수습하기 위해 투자자들에게 원금을 돌려주고 기술적 결함을 업그레이드하여 하드포크(Hard Fork)를 감행, 지금의 이더리움이 되었다. 하지만 이를 반대한 측은 업그레이드하지 않고 기존 그대로 유지하여 지금의 이더리움 클래식이 되었다.

dApp(Decentralized Application, 분산앱)

디앱(dApp)은 분산 응용 프로그램이다. dApp은 이더리움이나 퀀텀 등의 플랫폼 위에서 작동하는 탈중앙화된 어플리케이션으로 중앙 서버 없이 온전히 블록체인 네트워크만을 이용해 작동이 가능한 어플리케이션이다.

이더리움 기반 dApp = 이더리움 위에서 작동하는 어플리케이션

퀀텀 기반 dApp = 퀀텀 위에서 작동하는 어플리케이션

이더리움 플랫폼 위에서 다양한 토큰이 발행되고 있으며, 실생활에 활용할 수 있는 크립토 키티즈(Crypto Kitties)와 같은 수많은 디앱(dApp)이 개발되고 있다.

DBFT(Delegated Byzantine Fault Tolerance)

분산화된 P2P 네트워크상에서는 상대방의 신호가 모두 진짜라고 믿기 어렵다. 또한 다수의 노드(Node)가 참여하는 분산 네크워크상에서는 합의와 의사결정 과정에서 어려운 문제가 발생한다. 이것이 비진틴 장군의 딜레

마다. 이 문제를 해결하는 방식으로 비트코인은 작업증명 (Proof of Work) 방식을 채택하고 있고, 네오코인(NEO) 은 DBFT(위임된 비잔틴 오류 허용) 방식을 채택하고 있다.

암호화폐를 보유한 모든 사람들은 투표를 통해 협의체 인 북키퍼(Book keeper, 노드)를 뽑는다. DBFT 방식에서 는 노드들의 3분의 2가 찬성할 때 거래 내역을 의미하는 블록이 생성되고 마감된다. 만약 노드가 맘에 들지 않을 경우 암호화폐 보유자들은 투표를 통해 노드를 바꿀 수 있다. 대의 민주주의인 의회의 형식과 유사하다.

DDos Attack(Distributed Denial of Service, 디도스 공격)

특정 인터넷 사이트가 소화할 수 없는 규모의 트래픽을 한꺼번에 일으켜 시스템을 마비시키는 것을 디도스 공격 이라고 한다. 불특정 다수의 컴퓨터에 악성 컴퓨팅 코드 인 '좀비(Zombie)'를 퍼뜨린 뒤 DDoS 공격에 이용하는 것이 특징이다. 좀비에 감염된 수많은 컴퓨터가 일시에 특정 사이트를 접속하여 트래픽을 일으키는 구조다. 공격 대상 컴퓨터 안에 담긴 자료를 몰래 빼내거나 삭제하지는 않는다.

DPOS(Delegated Proof of Stake, 위임된 지분증명)

POS(지분증명)를 보완해서 나온 채굴 방식이 DPOS(위임된 지분증명) 방식이다. POS가 본인의 지분을 직접적으로 증명해야 했다면 DPOS는 다른 서버 관리자에게 자신의 지분을 위임하여 증명한다. 지분을 위임하기 때문에 자신이 직접적으로 서버를 돌리거나 컴퓨터를 켜놓을 필요가 없다.

POS는 일정 지분을 가진 모든 노드에게 블록 생성 권한을 주지만, DPOS는 네트워크를 구성하는 모든 노드의 투표 결과에 따라 상위 노드에게 권한을 위임해 합의하도록 한다. 상위 노드 수가 적기 때문에 합의 시간과 비용을 줄일 수 있다.

DPOS 방식은 같은 시간 동안 POW(작업증명)나 POS(지분증명) 방식보다 더 많은 블록을 생성할 수 있는 장점이 있지만, 권한이 소수에게 집중되어 담합으로 인한 신뢰도의 문제가 발생할 수 있는 단점도 있다. DPOS 채굴 방식을 적용한 코인은 라이즈(RISE), 아크(ARK), 비트쉐어(BTS), 쉬프트(SHIFT) 등이다.

Early Adopter(얼리어댑터)

 '일찍 받아들이는 사람'이라는 뜻으로 쓰인다. 다른 사람보다 먼저 새로운 제품이나 기술을 사용하는 개인 또는 비즈니스를 말한다. 이들은 새로운 상품이 쏟아지는 디지털 시장에서 기술 이해도가 빠르고, 새로운 것에 대한 호기심으로 최초로 생산된 제품과 신기술을 남들보다 먼저 구입하여 사용한다. 1957년 미국의 사회학자 에버릿 로저스(Everett Rogers)가 저서에서 처음 사용한 말로서 이 단어가 처음 사용되었던 당시에는 그다지 주목받지 못하는 개념이었지만, 1995년 무렵 첨단기기들이 등장하기 시작하면서 현대를 대표하는 신조어로 부상했다.

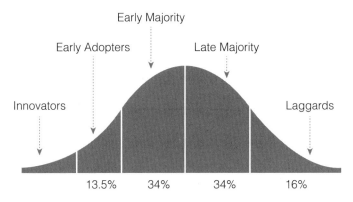

TECHNOLOGY ADOPTION BELL CURVE
(By Everett Rogers, Ref. - "Diffusion of Innovations")

EEA(Enterprise Ethereum Alliance)

EEA은 이더리움 기업 연합을 말한다. EEA는 이더리움 블록체인 기술을 기업의 비즈니스 모델과 결합하여 발전을 도모하기 위하여 〈포춘(Fortune)〉 선정 세계 500대 기업, 신생 기업, 학계 및 기술 업체를 이더리움과 연결시키는 일을 한다. 글로벌 업체로는 인텔, 마이크로소프트, JP 모건, 토요타, UBS 등이 EEA에 참여하고 있으며, 우리나라에서는 삼성SDS와 SK텔레콤이 참여한다.

Equihash 알고리즘

Equihash 알고리즘은 영지식증명(Zero-Knowledge Proof)에 기반을 둔 분산화 기술로 설계된 알고리즘이다. Equihash 알고리즘은 메모리 중심의 작업증명(Proof of Work)으로 매우 효율적인 검증 방식을 채택하고 있다. RAM에 따라 수행할 수 있는 양이 결정되며, Ethash 알고리즘과 마찬가지로 ASIC를 통해서는 채굴할 수 없다. Equihash는 GPU, CPU 마이닝을 허용한다. 비트코인골드와 제트캐시는 Equidhash 알고리즘을 채택하고 있다.

ERC-20

ERC는 Ethereum Request for Comment의 약자며, 20은 해당 제안의 고유 ID번호다. ERC-20은 이더리움 블록체인 네트워크상에서 유통할 수 있는 토큰의 호환성을 보장하기 위한 표준 사양이다. 즉, 이더리움 블록체인 네트워크에서 발행되는 토큰의 표준이다. 따라서 ERC-20에서 요구하는 모든 조건을 충족한 토큰을 ERC-20 토큰이라고 부른다.

ERC-20 토큰은 스마트 계약(Smart Contract)의 속성을

지원해야 하며, ERC-20 표준을 준수하는 토큰은 표준 이더리움 지갑 MyEtherWallet이나 MetaMask, Mist 등에 담을 수 있다.

E

FUD

 FUD는 겁(fear, 공포), 불확실성(uncertainty), 의심(doubt)의 약어다. 잘 모르는 사이에 데이트 신청을 받았을 때 거절하며 쓸 수 있는 표현인데, 주로 채팅용어로 쓰인다.

 FUD는 위험자산에 투자하는 투자자의 위축된 심리를 표현할 때도 사용된다. 암호화폐와 같은 위험자산에 투자하여 악재가 나타나면 조바심을 내고 불안해하는 심리를 말한다. 이것의 반대 심리가 포모(FOMO : Fear of missing out)인데, 자신만 기회의 흐름을 놓치고 있는 것 같은 심각한 두려움 또는 세상의 흐름에서 자신만 제외되고 있다는 공포를 나타내는 일종의 고립 공포감을 뜻한다. FUD와 FOMO는 둘 다 인간의 약점인 욕심과 공포의 심리 상태를 표현하는 말이다.

F

GitHub(깃허브)

깃(git)은 프로그램 등의 소스 코드 관리를 위한 분산버전 관리 시스템이다. 깃의 작업폴더는 모든 내용을 기록하고 있어서 추적이 가능하며, 완전한 형태의 저장소다. 깃허브(GitHub)는 분산버전 관리 툴인 깃(Git)을 사용하는 프로젝트를 지원하는 웹호스팅 서비스다. GitHub는 영리적인 서비스와 오픈소스를 위한 무상 서비스를 모두 제공한다.

GPU(Graphics Processing Unit, 그래픽처리장치)

GPU는 직렬(순차) 처리에 최적화된 CPU와는 달리 병렬 처리에 유리하도록 설계된 반도체로서 CPU의 대부분을 차지하는 캐시 메모리의 비중을 줄이고, 연산을 진행하는 ALU의 비중을 높인 장치다. 부동 소수점 연산에 강하며 범용연산기술(GPGPU)을 활용한 소프트웨어의 발달과 함께 그 활용도가 급상승하고 있다. 채굴은 컴퓨터의 CPU가 아닌 그래픽카드 GPU(Graphics Processing Unit)의 성능에 따라 성패가 좌우된다. GPU의 성능이 뛰어날수록 채굴 속도가 더 빨라진다.

G

Howey Test(호위 테스트)

호위 테스트는 1946년 SEC(미국 증권감독위원회)와 Howey 소송에서 미연방대법원이 판결에 사용한 기준이다. 특정 거래가 합법적인 투자계약(법에 따라 증권으로 나열된 투자 유형 중 하나)인지 여부를 가리는 내용이다. SEC는 호위 테스트를 통해서 증권 여부를 판별한다.

SEC는 상당수의 ICO가 유가증권으로 간주할 수 있다고 본다. 따라서 ICO를 하려면 기업공개에 준하는 서류와 정보를 SEC에 보고한 후 허가를 받아야 한다. 토큰을 교환하는 거래소도 증권법의 규제 대상이다. 거래소나 거래소의 서버가 미국에 있지 않아도 미국인에게 증권을 판매하기 위해서는 SEC로부터 허가를 받아야 한다.

Hype Cycle(하이퍼 사이클)

미국의 정보기술연구소인 Gartner Group이 고안한 기술의 성숙도를 설명한 이론이다. 과대 광고 주기라고도 한다. 새로운 기술이 발생하여 실무에 적용될 때까지를 5단계로 구분한 것으로서 신기술의 발전과 성숙도를 그래프를 통해 시각화시켜 보여준다.

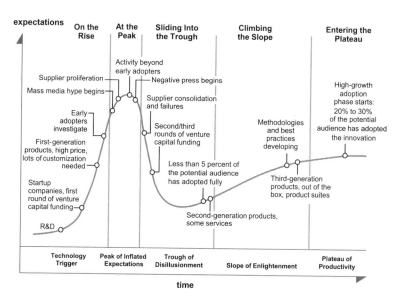

출처: blogs.gartner.com/

기술의 성숙도 5단계

1단계	Technology Trigger(기술의 촉발/출현기)
기술의 잠재성이 개념적으로 정립되고 상용화되거나 상품성이 입증되지 않은 시기.	
2단계	Peak of Inflated Expectations (부풀려진 기대의 정점/버블기)
초기 일부 성공 사례와 실패 사례가 나타나고, 일부 기업은 사업에 착수하기 시작하지만 대부분의 기업은 관망하는 시기.	
3단계	Trough of Disillusionment(관심의 쇠퇴/수축기)
결과물이 없거나 사업성이 없어 포기하는 기업이 나타나고, 일부 시장을 만족시킬 만한 제품 개발에 성공한 기업만이 투자를 이어가면서 관심이 줄어드는 시기.	
4단계	Slope of Enlightenment(인식의 확대/확장기)
기술의 수익 모델이 가시화되면서 후속 제품 개발이 이어지고 많은 기업들이 합류하는 시기.	
5단계	Plateau of Productivity(생산성의 고평원/안정기)
기술이 주류를 잡기 시작하고 시장에서 성과를 거두는 시기.	

Hyperledger(하이퍼레저)

리눅스 재단의 Hyperledger는 기업에서 적용 가능한 표준적인 블록체인 기술을 구현하기 위한 목적으로 만들어진 블록체인 컨소시엄이다. Hyperledger 프로젝트는 전 세계적으로 비즈니스 거래가 수행되는 방식을 변혁할 수 있는 분산원장에 대한 산업 표준의 중요한 기능을 확인하고 적용하여 블록체인을 발전시키기 위한 것이다.

H

ICO(Initial Coin Offering, 코인공개)

ICO는 최초 코인 공개 모집을 말한다. ICO는 암호화폐를 발행하고자 하는 스타트업(Start-up, 창업 초기 기업)의 자금조달 방법으로 비상장 주식이 증권시장에 상장할 때 하는 기업공개(IPO)와 같은 개념이다.

ICO란 새로운 서비스를 생각하는 스타트업과 개발자들이 자신들이 제공하고자 하는 서비스에서 사용할 수 있는 토큰을 발행하는 것이다. 증권시장의 IPO(기업공개)와 달리 법적·제도적 절차나 심사 과정 없이 민간 자율적으로 이루어진다. 따라서 코인 발행 시장은 고위험 고수익

(High Risk, High Return) 시장이다.

ICO는 대체적으로 3단계로 이루어진다. 경영진이나 일정 규모 이상의 자본금을 가진 사람들이 제한적으로 참여하는 얼리백커(Early Backer) 단계와 일반인이 참여할 수 있는 프리세일(Pre-Sale) 단계, 마지막으로 메인세일(Main-Sale)을 거친다. ICO 투자금은 주로 스마트 컨트랙트(Smart Contract) 기능이 있는 이더리움과 비트코인으로 받는다.

ICO Crowd

2017년 7월 블록체인 랩이 창간한 세계 최초의 ICO 전문 잡지다. ICO Crowd는 영국에서 글로벌 판을 발행하고 있으며, 한국에서도 아시아 판을 발행하고 있다. 미국에서 가상통화 전문 온라인 매체로는 〈비트코인 매거진〉이 유명하고, 유럽 지역에서는 불가리아의 〈코인 스토커〉가 인기 있다.

ICT(Information and Communication Technology, 정보통신기술)

ICT는 정보기술(Information Technology, IT)과 통신기술(Communication Technology, CT)의 합성어다. 컴퓨터 등 정보기기의 하드웨어 및 이들 기기의 운영과 정보관리를 위해 필요한 소프트웨어 기술과 함께 광통신, 초고속 인터넷, 홈네트워크, 이동통신 등의 통신기술이 결합하여 정보를 수집, 생산, 가공, 보존, 전달, 활용하는 모든 방법을 의미한다.

ICT 사례로는 빅데이터, 클라우드, VR(가상현실), 5G(5세대 이동통신), IoT(사물인터넷), UHD(초고화질 방송), AI(인공지능), E-러닝, 웨어러블(Wearable), 자율주행 자동차 등이 있다.

IPO(Initial Public Offering, 기업공개)

IPO란 비상장 기업이 증권시장에 상장(listing)하기 위하여 법적인 절차와 방법에 따라 주식을 불특정 다수의 투자자에게 공개 매도하는 것을 말한다. 비상장 기업이 외부 투자자들에게 처음으로 주식을 공개 모집 절차를 통

해서 매도하는 것이므로 '기업공개'라고 한다. 투자자는
이익배당청구권, 신주인수권, 잔여재산분배청구권, 의결
권 등 주주로서의 권리를 갖게 된다.

IPO와 ICO의 구분

구분	IPO(기업공개)	ICO(코인공개)
발행 주체(Who)	비상장 기업	개인 또는 단체, 법인
대상물(What)	주권(구주 또는 신주)	프로젝트(아이디어)
제안서(How)	기업설명서 (Prospectus)	백서 (White Paper)
청약자금(조달자금)	법정통화(원화, 달러)	암호화폐(비트코인, 이더리움)
물건 제공(발행)	해당 기업의 주권	해당 프로젝트가 발행한 코인
권리	이익배당청구권, 신주인수권, 잔여재산분배청구권, 의결권	없음
가치	본질적 가치 (수익 가치, 자산 가치)	가상의 가치 (주관 가치, 수급)
주관사	증권회사	주관사 없이 홈페이지
적용 법률	자본시장법	없음

Ledger Nano S

프랑스의 암호솔루션 회사인 Ledger SAS 사가 만든 하드웨어 지갑이다. Ledger Nano S는 USB와 같은 형태고, 개인키(Private Key)를 분실하더라도 Recovery Phrase (단어키)만 잘 보관하면 다시 복구가 가능하다. 그러나 기기가 고장나거나 분실한 상태에서 Recovery Phrase를 모른다면 복구는 불가능하다. 이 지갑은 MyEtherWallet과 연동이 가능하다. 코인을 안전하게 보관하기 위해서는 이와 같은 하드웨어 지갑을 이용하는 것이 좋다.

M2M(Machine to Machine)

기계와 기계, 즉 사물과 사물 간의 제어, 정보교환 및 처리가 가능한 기술을 말한다. 우리 주변에 있는 모든 기기가 센서로 모은 단편 정보를 다른 기기와 통신하면서 인간이 윤택하고 편리하게 생활할 수 있도록 서로 반응해 주변 환경을 조절해주는 기술이다. M2M은 전기, 가스 등의 원격 검침, 신용카드 조회, 위치 추적, 시설물 관리 등의 분야에서 주로 사용된다.

M2M과 사물인터넷(Internet of Things)은 유사한 개념이나 그 차이를 구분하면 M2M은 '기계' 중심의 연결을

의미하고, 사물인터넷은 '환경' 중심의 연결을 의미한다. M2M에서는 기계가 사물 간의 연결을 매개하는 데 반하여 사물인터넷에서는 사람과 사물을 둘러싼 환경이 그 연결 주체가 됨으로써 확대되는 것을 의미한다.

Mijin Block Chain(미진 블록체인)

Mijin은 NEM 블록체인의 Private 버전이다. 비트코인이나 NEM과 같은 퍼블릭 블록체인(Public Block Chain)은 누구나 노드에 참여 및 설치하여 데이터를 공유하고 수신할 수 있다.

하지만 블록체인이 실제 금융권 및 비즈니스 용도로 사용될 경우에는 블록체인에 참여하고 있는 사람이 제한되어야 한다는 요구조건이 따르게 된다. 이러한 요구에 응하여 제한된 인원만이 블록체인에 참여할 수 있도록 개발된 블록체인을 허가형 블록체인 또는 프라이빗 블록체인(Permissioned Blockchain/Private Blockchain)이라고 부르며 Mijin도 그중의 하나다.

Multisig(다중서명)

Multi-signature의 약어로 다중서명을 의미한다. 멀티시그는 암호 해독 트랜잭션을 추가, 보완하는 데 사용되는 기술의 한 형태다. 암호화폐 거래소의 핫월렛은 인터넷에 연결된 지갑이므로 해킹을 당할 우려가 있다. 그래서 대부분의 거래소 핫월렛에는 멀티시그 방식을 적용한다. 멀티시그는 지갑의 열쇠를 여러 개 만들어 믿을 수 있는 관계자들이 이 열쇠를 나눠 갖고 지갑을 열고 싶으면, 다시 말해 암호화폐를 인출하고 싶으면 두 사람 이상의 키를 가져와야 하는 열쇠 보관 방법이다. 만약 한 사람의 열쇠가 해킹을 당한다고 해도 지갑을 열 수 없는 구조다.

M

O2O

On-line to Off-line의 약자로 온라인과 오프라인의 유기적 융합을 통해 언제 어디서나 상거래가 이루어지는 비즈니스를 말한다. ICT 기술을 기반으로 온라인을 통해 고객을 유치하여 오프라인으로 유도하는 방식이다. 온라인에서 상품 또는 서비스를 구매하고 대금을 지급한 후 오프라인에서 상품을 수령하게 된다.

P2P

Peer to Peer의 약자며, Peer는 '동료'라는 뜻이다. P2P는 중앙 컴퓨터 없이 각각의 컴퓨터가 동등한 위치에서 인터넷에 직접 접속하여 데이터를 송수신하는 네트워크를 말한다. 컴퓨터와 컴퓨터를 직접 연결해 서버 없이도 인터넷을 통해 각자의 컴퓨터 안에 있는 음악 파일이나 문서, 동영상 파일뿐만 아니라 DB, CPU 등을 공유할 수 있다. P2P에 참가하는 컴퓨터를 노드(Node)라고 한다. 비트코인의 P2P에 참가하고 있는 컴퓨터는 전 세계적으로 수천 대가 있다. P2P라는 용어는 제3자(Third party)를 거치지 않고 개인 대 개인의 1:1 거래를 할 때도 쓰인다.

POI(Proof of Important, 기여증명, 중요도증명)

POI 방식은 네트워크에 참여하고 기여한 중요도에 따라 그 대가로 코인을 지급하는 방식이다. 코인을 가진 수량뿐만 아니라 거래인원 등도 기여를 증명하는 기준이 된다. 즉, 열심히 활동할수록, 시스템 내 중요한 노드일수록 보상을 많이 받는다. 이 방식은 모든 노드에게 비슷한 기회를 제공하기 때문에 민주적이다. NEM 코인이 이 방식을 따른다.

POS(Proof of Stake, 지분증명)

POS, 즉 지분증명은 POW(Proof of Work, 작업증명) 방식의 문제점을 해결하기 위하여 나온 방식이다. 일단 코인을 가지고 있으면 지속적으로 얻을 수 있다. 즉, 지분(Stake)을 보유한 사람이 추가적으로 발행되는 코인을 가져가는 것이다. 이자나 배당과 같은 개념이다.

POW 방식은 런칭 초기에 대량의 코인이 발생하고 차차 줄어드는 방식이지만, POS는 늘 일정한 양이 조금씩 발생되는 장점이 있다. 반면 POS는 코인을 많이 보유한 사람이 코인을 계속 가지게 되는 단점이 있다. 퀀텀, 네오 등이 이 방식을 따른다.

POW(Proof of Work, 작업증명)

POW 방식은 일정한 알고리즘에 따라 연산을 먼저 작업한 노드(컴퓨터 또는 채굴기를 말함)에게 이를 증명함으로써 블록(Block)을 생성케 하고, 그 대가로 코인이 지급되는 방식이다. 컴퓨팅 능력, 즉 해시 파워(Hash Power)를 많이 가진 노드가 블록(Block)을 더 많이 생성하게 되고, 그 결과 코인을 많이 지급받게 되는 시스템이다. 비트코인, 이더리움, 제트케시, 모네로 등 대부분의 채굴코인은 이 방식에 따른다. POW 방식은 채굴에 따른 비용(즉, 전력비, 장비 구입비)이 과다하게 발생한다는 단점이 있다.

P

Private Block Chain

프라이빗 블록체인은 1개의 중앙 기관이 주체가 되어 내부 전산망을 블록체인으로 관리한다. 네트워크에 참여하기 위해서는 중앙 기관의 허가를 받아야 한다. 프라이빗 블록체인은 다른 말로 허가형 원장(Permissioned Ledger)으로도 불린다. 읽기, 쓰기, 합의 과정에 참여할 수 있는 참여자가 미리 지정되어 있으며, 필요에 따라 특정 주체가 새로 추가되거나 제거될 수 있다. 또한 설계 목적에 따라 여러 가지 버전으로 프라이빗 블록체인을 설계할 수 있다.

블록체인의 구분

구분	Public 블록체인	Consortuim 블록체인	Private 블록체인
네크워크 참여자	누구나 가능	컨소시엄 맺은 N개	1개의 중앙 기관
가버넌스	정해진 법칙의 변경이 어렵다	N의 합의로 변경 가능	중앙의 결정으로 변경 가능
데이터 접근	누구나 접근 가능	허가받은 사용자만 가능	허가받은 사용자만 가능
거래증명	POW, POS 등 알고리즘	사전 합의된 규칙에 따라	중앙 기관에 의해
네트워크 확장	어렵다	쉽다	매우 쉽다
거래 속도	느리다	빠르다	빠르다
식별성	익명성	식별 가능	식별 가능
암호화폐	필요	불필요	불필요

P

장점	보안성, 신뢰성, 익명성, 투명성	효율성, 확장성, 처리 속도	효율성, 확장성, 처리 속도
단점	낮은 확장성, 느린 거래 속도	투명성, 보안성 낮음	보안성 낮음
활용 사례	비트코인, 이더리움		리플, 스텔라

Private Key와 Public Key

블록상의 장부에 기록되기 위해서는 유효한 서명이 필요하다. 이러한 서명은 디지털 키가 있어야 한다. 디지털 키(Digital Key)는 개인키(private key)와 공개키(public key)로 구성되어 있다. 블록체인에서 암호화는 비대칭키 암호화 방식이므로 개인키와 공개키를 사용한다. 상대의 공개키로 데이터를 암호화(encrypt)하여 전달하면 데이터를 전달받은 사람은 자신의 개인키로 복호화(decrypt)한다.

Public Key Crypto System

Public Block Chain

퍼블릭 블록체인은 불특정 다수에게 모두 공개되어 누구나 이용할 수 있는 블록체인이다. 무허가형 원장(Permissionless Ledger)으로도 불린다. 누구든지 허가 없이 블록체인의 데이터를 읽고 쓰고 검증할 수 있다. 가장 대표적인 것이 비트코인이다. 비트코인은 누구나 블록체인을 다운로드하여 어떠한 기록이 담겨 있는지 조회하거나 암호서명을 이용해 기록에 참여할 수 있다.

퍼블릭 블록체인은 모두가 네트워크에 참여할 수 있기 때문에 악의적인 공격을 받을 확률이 프라이빗 블록체인에 비해 높다. 따라서 퍼블릭 블록체인에서는 누군가 거래를 조작하지 못하도록 여러 가지 방법을 고안하게 된다. 블록체인 네트워크에서 진짜 블록만이 검증될 수 있도록 POW(작업증명)나 POS(지분증명)와 같은 합의 방식이 만들어지게 된다.

Pump and Dump

펌프 앤 덤프는 암호화폐 시장에서 가격에 영향을 주는 정보를 허위로 유포시켜 가격을 끌어올린 뒤 이를 팔아

차익을 챙기고 빠져나가는 불공정 거래를 의미한다. 펌프
질을 하듯 가격을 띄운 뒤 추격 매수한 투자자들에게 팔
아치워(dump) 수익을 올리는 방법이다.

P

QR코드(Quick Response Code)

1차원의 바코드는 세로 방향으로만 정보를 저장할 수 있지만, QR코드는 사각형의 가로세로 격자무늬에 다양한 정보를 담을 수 있는 2차원의 매트릭스 형식의 코드다. 또한 바코드는 20자 내외의 숫자 정보만 저장할 수 있는 반면 QR코드는 숫자 최대 7,089자, 문자(ASCII) 최대 4,296자, 이진(8비트) 최대 2,953바이트, 한자 최대 1,817자를 저장할 수 있으며, 일반 바코드보다 인식 속도와 인식률, 복원력이 뛰어나다. 바코드가 주로 계산이나 재고 관리, 상품 확인 등을 위해 사용된다면, QR코드는 마케팅이나 홍보, PR의 수단으로 많이 사용된다.

QR코드는 1994년 일본 덴소웨이브 사가 개발했으며, 덴소웨이브 사가 특허권을 행사하지 않겠다고 선언함에 따라 다양한 분야에서 널리 활용되고 있다.

Q

R3 Corda

코다(Corda)는 핀테크 스타트업이자 80개 이상의 금융 사가 참여하는 글로벌 분산원장 컨소시엄의 운영 주체인 R3의 분산원장 기술이다. 기존 블록체인은 비트코인과 이 더리움 기반의 콘셉트를 활용하여 만든 플랫폼이지만, R3 Corda는 글로벌 금융기관의 니즈를 바탕으로 새롭게 구 현한 아키텍처 기반의 금융거래 최적화 블록체인 플랫폼 이다.

Replay Attack(재연공격)

유효한 데이터 전송이 악의적으로 반복되거나 지연되는 네트워크 공격의 한 형태다. 전에 보냈던 암호화 메시지를 다시 전송하는 방법으로 재연공격을 한다. 암호화폐에서 재연공격은 개인 전자지갑 주소에 저장된 암호화폐가 유사한 전자지갑으로 중복 출금되는 현상이다.

RSA 암호화 기법

RSA(Riverst Shamir Adleman)는 공개키(public Key) 암호 시스템의 하나로, 암호화뿐만 아니라 전자서명이 가능한 최초의 알고리즘이다. 공개키 시스템(Public Key System)은 서로 다른 키로 데이터를 암호화하고 해독하는 비대칭 암호화 기법이다. 암호키는 공개하고 해독키는 비밀로 함으로써 누구나 암호문을 만들어 송신 또는 저장할 수 있으나, 해독키를 가진 사람만이 해독할 수 있다. 키의 분배가 용이하고 관리해야 할 키의 개수가 적다는 장점이 있는 반면, 암호화와 복호화 속도가 느리며 알고리즘이 복잡하고 파일의 크기가 크다는 단점이 있다.

R

Scam Coin(스캠 코인)

Scam(스캠)은 사전적 의미로 신용사기라는 뜻이다. 기업 이메일 정보를 해킹해 거래처로 둔갑시켜서 무역거래 대금을 가로채는 행위나 갬블링 상대방에 대한 속임 행위 등을 스캠이라고 한다. Scam Coin은 가짜 코인, 사기 코인을 일컫는 말이다. 정상적인 암호화폐는 관련 소스를 오픈소스로 Github에 공유하므로 이를 통해 스캠코인 여부를 확인할 수 있다.

SCP(Stellar Consensus Protocol)

스텔라 코인은 POW나 POS와 같은 합의 방식이 아닌 SCP라는 독자적인 합의 프로토콜을 사용한다. 이것은 자신이 누구를 신뢰할지 직접 선택하고 이로부터 형성된 신뢰망을 통해 합의에 도달하는 방식이다.

SHA256

SHA256은 SHA(Secure Hash Algorithm) 알고리즘의 일종으로 SHA 계열의 해시 함수다. 이것은 이미 검증된 안전한 해시 알고리즘으로 암호학적 해시 함수들의 모음이다. SHA256은 입력값에 대하여 256비트 길이의 16진수로 바꿔주는 일이다. 해시 함수란 어떤 입력값에 대하여 그것을 상징하는 다른 값으로 변환시키는 것이다. SHA(Secure Hash Algorithm) 알고리즘은 미국 NSA에 의해 만들어졌다. SHA256은 비트코인 시스템이 채택한 암호화 해시 함수기도 하다.

Solidity(솔리디티)

이더리움의 스마트 계약(Smart Contract)을 형성시키려면 Solidity라는 프로그램 언어로 작성해야 한다. 이것은 자바스크립트와 문법이 유사하다. 컴파일(Comfile)하면 Byte code가 만들어지는데 EVM(Ethereum Virtual Machine, 이더리움 가상머신)상에 저장되고 실행된다.

SWIFT(Society of Worldwide Interbank Financial Telecommunication)

스위프트는 국제 간 송금과 추심, 신용장 및 자본거래와 같은 외국환 거래를 위해 국제적인 데이터통신망을 구축하기 위한 국제협회로 은행 간의 국제통신협정이라고도 한다. 1973년 5월 3일 미국과 유럽 등 15개국의 은행이 중심이 되어 설립하였다. 네트워크의 중앙 중개소는 벨기에의 브뤼셀과 네덜란드의 암스테르담, 미국의 버지니아 주에 설치되어 있다.

국제적인 은행 업무와 관련된 각종 정보를 교류함으로써 국제 간의 지급 등 각종 거래에 따르는 내용을 신속하고 정확하게 처리하고 업무의 신뢰성을 높여 고객에 대한 서비스를 향상시킬 수 있다는 장점을 지닌다. 또한 기존의 우편이나 전신, 텔렉스를 이용하는 것보다 편리하고

S

통신비도 저렴해 점차 이용이 확대되고 있다. 전 세계에 3,000여 개의 은행들이 가입되어 있으며, 대부분의 한국 은행들도 가입되어 있다.

리플(Ripple)은 리플 프로토콜이라는 분산원장을 기반으로 한 실시간 총액결제시스템(RTS)으로 국제결제시스템망(SWIFT)을 대체할 새로운 대안으로 개발된 암호화폐다.

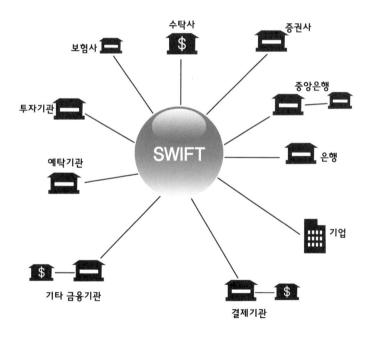

TPS(Transaction Per Second, 초당 트랜잭션 수)

블록체인의 속도를 나타내는 지표로서 초당 몇 개의 트랜잭션이 처리되어 저장될 수 있는지 알려준다. TPS는 블록체인 소프트웨어의 설계뿐 아니라 블록체인을 구동하고 블록을 생성·검증하는 하드웨어 및 네트워크의 성능, 트랜잭션의 종류에 따라서 달라질 수 있다. 예를 들어, 스마트 컨트랙트 트랜잭션은 단순 송금 대비 더 많은 연산을 요구하기 때문에 시간이 더 오래 걸릴 수밖에 없다. 같은 기능을 수행하는 컨트랙트라고 해도 실제 코드 구현 형태에 따라서 더 많은 연산을 요구하고, 더 오랜 시간이 걸릴 수도 있다.

TPS에는 두 가지 종류가 있는데 최대 TPS와 현재 TPS 다. 최대 TPS는 트랜잭션이 과도하게 몰렸을 때 초당 몇 개나 처리되어 저장되는지를 보여준다. 따라서 속도를 평가하기에 아주 좋은 지표다. 현재 TPS는 현 시점에서의 TPS를 말한다.

현재 TPS = 최근 블록에 담긴 트랜잭션 수/블록 생성 시간

TPS가 높다고 하여 무조건 빠른 블록체인이라고 볼 수는 없다. 예를 들어, 1만 TPS의 처리 속도를 가진 블록체인이라도 블록 생성 시간이 10분이라면 트랜잭션이 블록체인에 저장되기까지 걸리는 예상 시간은 평균적으로 최소 5분이 소요되기 때문이다.

TTP(Trusted Third Party, 신뢰할 수 있는 제3자)

TTP는 제3자를 신뢰하는 두 당사자 간의 상호작용을 촉진하는 주체다. 사용자 인증, 부인 방지, 키 관리 등에서 당사자들로부터 신뢰를 얻고 중재, 인증, 증명, 관리 등을

하는 기관을 TTP라고 한다.

블록체인 기술은 네크워크상 디지털 장부인 블록의 위·변조가 불가능하기 때문에 신뢰를 담보할 수 있다. 기존에는 거래를 성사시키려면 신뢰할 수 있는 제3자의 개입이 필수적이었고, 제3자의 서비스에 대한 비용 지불이 불가피했다. 블록체인을 활용한 기술이 각 분야에 적용되면 그 분야에서 제3자의 개입이 불필요해진다.

TXID(Transaction ID, 전자영수증 번호)

암호화폐를 전송할 때 TXID가 뜬다. 이것은 TXhash라고 부르기도 하는데 전자영수증 번호, 즉 전송한 거래장의 번호다. 이 번호를 통해서 전송한 코인이 블록체인상에서 잘 가고 있는지 실시간으로 조회할 수 있다.

T

UASF(User Activated Soft Folk)

UASF는 사용자(User)가 중심이 되어 소프트포크를 시도하는 것을 말한다. UASF는 새로운 기능으로 업그레이드를 하거나 블록 용량을 늘리기 위한 세그윗(Segwit) 시도를 할 때 다수의 동의 없이 강행할 수 있음을 의미한다. 그 사례로 비트코인의 블록 용량이 적어 거래 처리 속도가 늦은 문제점이 발생하여 개발자 측에서는 세그윗의 방법으로 UASF(소프트포크)를 시도하려 했고, 이에 채굴업체인 비트메인 사 측은 반발하여 하드포크(UAHF)를 하게 됨으로써 비트코인과 비트코인 캐시로 갈라지게 되었다.

U

VPN(Virtual Private Network, 가상 사설망 서비스)

통신 사업자의 공중 네트워크를 사용자가 자신의 전용선처럼 사용할 수 있는 서비스를 말한다. VPN은 전용선과는 달리 공중망을 사용하기 때문에 통신비용이 낮다

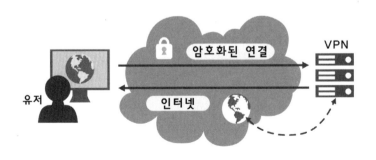

는 특징이 있으며, 인터넷을 이용한 인터넷 VPN 서비스
도 있다. VPN은 공용넷인 인터넷 프로토콜 위에 별도의
VPN 프로토콜 이용해 직접 연결을 구현한 가상의 전용
네트워크망을 의미한다. VPN 프로토콜별로 암호화 스펙
등이 다르며 PPTP, L2TP, OpenVPN, SSTP, IKEV2 등
이 있다.

V

2장

암호화폐 편람

비트코인(Bitcoin)
BTC

https://bitcoin.com
https://bitcoin.org

주요 정보

발행 시기 2009년 1월

발행 한도 2,100만 개(2018년 1월 현재 1,650만 개 발행, 유통 중)

발행 방식 채굴형, ASIC

합의 방식 POW 방식(SHA256 알고리즘)

블록 생성 시간 약 10분

설립 주체 사토시 나카모토(Satoshi Nakamoto) 외

운영 주체 본사 없음, Bitcoin Community

목적 및 용도

• 법정화폐의 문제점(인플레이션)을 극복, 대안화폐로의 목표를 가진다.

• 전자화폐 시스템(Electronic Cash System)의 장점을 토대로 범용 화폐로의 목표를 가진다.

기술 및 기능적 특징

• 블록체인 기술이 핵심 기술이다.

• 10분당 1개의 블록이 생성된다

• 블록 사이즈(용량)가 1MB다.

172

- 높은 헤시 레이트(Hash Rate)를 가져 해킹에 강하다.
- 암호화폐로서 대표성과 상징성을 가진다.
- 암호화폐의 기축통화(Key currency)로서 역할을 하고 있다(ICO의 송금화폐).
- 지불결제 점유율이 높다. 즉, 통용성이 높다.
- 발행량이 한정되어 있어 희소가치가 있다.

약점

- 블록 용량(1MB)이 적고 블록 생성 주기(10분)가 길어 송금 속도가 늦다.
- 디플레이션 화폐의 특성을 가지고 있어 대안화폐로서의 기능에 한계가 있다.
- 채굴 비용이 많이 든다.
- 거래 수수료가 비싸다.

추진 사업 동향 및 전망

- 미국 MIT, 버클리, 튜크 등 주요 대학에서 비트코인 강좌가 개설되고 있다.
- 지불 수단으로서의 확장성보다는 디지털 자산(Digital Asset)으로서 인식될 가능성이 있다.

상장 거래소

- 업비트, 빗썸, 코빗, 코인원, Bitfinex, Bittrex, Poloniex

비트코인 캐시(Bitcoin Cash)
BCH

https://bitcoincash.org

주요 정보

발행 시기 2017년 8월 1일(비트코인에서 하드포크)

발행 한도 2,100만 개(비트코인과 동일), 현재 1,700만 개 수준 채굴

발행 방식 채굴형(ASIC)

합의 방식 POW 방식(SHA256 알고리즘)

블록 생성 시간 약 10분

설립 주체 우지한(Wu Jihan, 중국인)

운영 주체 우지한(Wu Jihan, 중국인)

목적 및 용도

• 블록 용량이 작아서 발생하는 비트코인의 문제점을 해결한다.

• 'P2P 전자현금'이라는 비트코인의 원래 목적에 부합하는, 전 세계에 받아들여지는 세계 최고의 암호화폐 만들기를 목표로 한다.

기술 및 기능적 특징

• 비트코인의 경우 블록 용량이 1MB이나 비트코인 캐시는 8MB로 늘어났다.

• 온체인 확장성, 거래서명, 난이도 조절 알고리즘 등을 새로운 기능으로 추가했다.

강점

- 수수료가 낮다.
- 블록 용량을 늘렸기 때문에 빠른 승인이 가능하다.
- 비트코인 채굴 점유율 1위로 채굴풀(AntPool, 우지한)의 안정적 해시 공급이 가능하다.

약점

- 특정 채굴풀이 중심이 되면 풀노드의 영향력으로 인한 문제가 발생할 수 있다.

추진 사업 동향 및 전망

- VISA와 파트너십 협약을 통해 직불카드 출시 계획이 있다.
- 블록 용량을 32MB까지 확대하고자 추진하고 있다.

특기사항

- 비트코인의 블록 용량을 늘리기 위한 방안의 하나인 세그윗(Segwit) 찬성파와 반대파의 갈등으로 인해 비트코인에서 하드포크되어 비트코인 캐시로 탄생했다.

상장 거래소

- 빗썸, 코인원, 코빗, 업비트, Binance, Bitfinex, Poloneix

비트코인 골드(Bitcoin Gold)
BTG

http://bitcongold.org

발행 시기 2017년 10월 25일

발행 한도 2,100만 개(비트코인과 동일)

발행 방식 채굴형(GPU)

합의 방식 POW 방식(Equihash 알고리즘)

블록 생성 시간 약 10분

설립 추체 Jack Liao(중국인) 외 20여 명

운영 주체 Jack Liao(중국인) 외

목적 및 용도

• 해싱 알고리즘(Hashing Algorithm) SHA256을 Equihash 알고리즘으로 변경하여 채굴 중앙집중화(채굴독점) 현상(Mining Centralization)을 개선하는 것이 목표다.

• Equihash 알고리즘은 SHA256보다 그래픽처리장치(GPU)의 성능이 뛰어나 GUP로 채굴이 가능하도록 하였다.

기술 및 기능적 특징

• POW(작업증명)의 알고리즘을 비트코인의 SHA256에서 Equihash로 변경했다.

• 마이닝 컴퓨터 하드웨어를 ASIC에서 GPU로 변경했다.

- 세그윗(Segwit) 적용으로 블록을 늘렸다.
- 채굴을 위한 해시 파워(Hash Power)를 분산했다.

약점

- 채굴 방식의 안정성 문제가 지속적으로 제기된다.

추진 사업 동향 및 전망

- 전송 속도를 업그레이드하기 위해 라이트닝 네트워크를 추진하고 있다.

특기사항

- 핵심 알고리즘을 변경하여 비트코인에서 하드포크되어 비트코인 골드로 탄생했다.

상장 거래소

- 바이넌스, 비트파이넥스, Gate

라이트 코인(Lite coin)
LTC

https://litecoin.com

발행 일시 2011년 10월 7일

발행 한도 8,400만 개(비트코인의 4배)

발행 방식 채굴형(ASIC, GPU)

합의 방식 POW 방식(Scrypt 알고리즘)

블록 생성 시간 약 2분 30초

설립 주체 Charlie Lee(중국인, 구글 소프트웨어 엔지니어 출신)

목적 및 용도

- 비트코인에 기초해 만들어진 암호화폐로 비트코인의 단점을 보완하여 실생활에서 결제 수단으로 사용을 목표로 한다.
- 블록 생성 시간을 2분 30초로 줄여 비트코인보다 4배 빠른 속도로 거래가 이루어지게 했고, 블록 사이즈도 세그윗을 통해 늘렸다.

기술 및 기능적 특징

- 비트코인의 SHA256 알고리즘 대신에 Script를 일부 수정한 GUI 알고리즘을 채택하고 있다.
- 비트코인의 전송량 처리 과부하의 문제점을 해결하는 라이트닝 네트워크(Lighting Network) 기술을 확보했다.
- 다른 코인들과 스왑할 수 있는 아토믹스 스왑 기술을 확보했다.

강점

- 비트코인보다 약 4배 빠르게 블록을 생성한다.
- 수수료는 0에 가깝다.
- 라이트닝 네크워크(Lighting Network) 테스트에서 기술을 확보했다.

약점

- 비트코인의 단점을 일부 보완했지만 비트코인과 너무 유사하다.

특기사항

- 설립자 찰리 리는 2017년 12월 그가 보유한 라이트 코인 전량을 매각하여 라이트 코인 재단에 기부한 것으로 알려졌다.

상장 거래소

- 빗썸, 코빗, 코인원, 업비트, Binance, Bittrex, Poloniex

이더리움(Ethereum)
ETH

https://www.ethereum.org

발행 시기 2015년 8월 7일

발행 한도 정하지 않음(1년에 1,800만 개로 제한, 난이도 통한 공급량 조절)

발행 방식 채굴형(GPU)

합의 방식 POW 방식(Ethash 알고리즘), 이더리움 로드맵의 최종 단계에서 POS로 전환 예정

블록 생성 시간 약14초

설립 주체 비탈릭 부테린

운영 주체 스위스, 이더리움 재단(Ethereum Foundation)

목적 및 용도

• 탈중앙화된 어플리케이션(decentralized application)을 만들 수 있게 해주는 플랫폼이다.

• 단순한 화폐의 개념을 넘어 이더(ether)라는 토큰을 사용한 스마트 계약(Smart Contract)을 기반으로 발전하려는 목표를 가진다.

• 화폐 개념에 충실한 비트코인에서 진보된 형태의 코인으로서 비트코인의 단점인 높은 수수료, 늦은 블록 생성 주기, 작은 블록 사이즈 등의 문제점을 개선하고자 했다.

기술 및 기능적 특징

- 다른 코인과 달리 블록 안에 이더리움 거래 내역과 스마트 계약(Smart Contract)에 의한 거래 내역이 함께 포함될 수 있으며, 프로그래밍이 가능하도록 설계되었다.
- 이더(ETH)라는 코인을 매개로 새로운 생태계를 만들 수 있고, 이더리움 플랫폼 기반 위에 다양한 디앱(dApp)을 만들 수 있다.
- 블록 생성 시간 : 약 10초/ 블록 사이즈 : 무제한

강점

- 스마트 기능을 활용하여 다양한 분야에 적용할 수 있어 확장성, 범용성이 높다.

약점

- 수수료가 과다하다(Gas Fee 부과).
- 해커의 공격에 약하다. 튜링 안전성을 100% 보장하지 못한다(디도스 (DDos) 해킹은 2015년 5월 이더클래식으로 하드포크가 발생한 이유가 되었다).

추진 사업 동향 및 전망

- EEA(이더리움 기업 연합)는 기업체의 비즈니스와의 결합을 지원한다(삼성SDS, SK텔레콤).
- 고비용 합의 방식인 작업증명(proof of work) 방식을 고효율의 지분증명(proof of stake) 방식으로 전환 예정이다.

상장 거래소

- 빗썸, 코인원, 코빗, 업비트, Bitfinex(USD), Binance(USDT), Poloniex(USDT)

이더리움 클래식(Ethereum Classic)
ETC

http://ethereumclassic.github.io

발행 시기 2016년 7월 24일

발행 한도 201억 개

발행 방식 채굴형(GPU)

합의 방식 POW 방식(Ethash 알고리즘)

블록 생성 시간 약 14초

설립 주체 Charles Hoskinson(Founder), Jeremy Wood(Founder)

운영 주체 IOHK팀(Charles Hoskinson), ETCDEV팀(소프트웨어 개발팀, Artamonov), Ethcore's Parity(Gavin Wood) 이상 3개 팀

목적 및 용도

• 이더리움은 2016년 6월 이더리움 해킹 사건(350만 개) 이후 업그레이드한 것이고, 기존대로 이어온 것이 이더리움 클래식이다. '코드는 법이다(Code is law)'라는 불변성 원칙이 슬로건이다.

기술 및 기능적 특징

• 이더리움의 1,920,000번째 블록에서 하드포크된 코인이다.

• dApp(분산앱) 개발, 스마트 계약

- 이더리움의 스마트 컨트랙트 플랫폼을 유지하고 있다.

- 이더리움에서 하드포크된 비주류 코인으로서의 약점이 있다.

추진 사업 동향 및 전망

- 보유 수량과 같은 비율로 별도의 코인 Callisto(CLO)를 나눠주는 Air Drop이 예정되어 있다.

특기사항

- 2016년 4월 28일 크라우딩으로 설립(이더리움 투자펀드 350억 원)되었다.
- 2016년 6월에 The DAO의 해킹(ETH의 110%, 350만 개) 사건으로 하드포크되었다.
- 2016년 7월 24일 Poloniex에 상장되었다.

상장 거래소

- 빗썸, 코인원, 코빗, 업비트, Binance, Bitfinex, Bitterex, Poloniex

이오스(EOS)
EOS

https://eos.io

주요 정보

발행 시기 2017년 6월

발행 한도 10억 개(현재 발행 수량 : 6.5억 개, 매일 2백만 개씩 발행, 향후 3.5억 개 추가 발행 예정)

발행 방식 채굴형

합의 방식 DPOS 방식(Delegated Proof of Stake, 대표자 합의 알고리즘)

설립 주체 Daniel Larimer, Brendan Blumer

운영 주체 Block,one 사

목적 및 용도

• 이더리움 등의 블록체인 플랫폼 자체의 한계를 극복하기 위해 더 빠른 트랜잭션 속도와 수수료 없는 플랫폼을 목표로 한다. 개발자와 사용자가 무료로 이용할 수 있는 플랫폼으로 개발되었다.

• 고작 ICO조차 트래픽을 처리하지 못하는 이더리움의 단점을 해결했다 하여 이더리움 킬러(Ethereium Killer)라 불린다.

기술 및 기능적 특징

• Graphene 기술을 활용하여 DPOS 방식을 구현했다.

• 3초마다 1개 블록을 생성하고, 초당 10만 건 정도의 거래 처리 능력을 가진다.

- 미국 신용평가사 Weiss Ratings의 2017년 암호화폐 신용등급 평가에서 B등급으로 최우수 평가를 받았고, 일본의 평가기관 Bitinvestors에서도 4.0(5.0 만점)으로 비교적 높은 점수를 받았다.
- 수수료가 없다.
- 블록을 병렬 처리해서 확장성이 좋다

- 신속한 데이터 처리가 가능하나 보안에는 취약성이 있다.
- 2018년 6월까지 ICO 진행으로 물량 과다의 우려가 있다.

- 비트코인과 이더리움이 직면하고 있는 Scalability 문제를 해결하기 위해 만들어졌고, 이더리움에 대항하여 이더리움 킬러라는 슬로건을 갖고 있다.

- 빗썸, Bitfinex, Binance

퀀텀(QTUM)
QTUM

https://qtum.org

발행 시기 2016년 3월

발행 한도 1억 개(유통 물량 7,400만 개)

발행 방식 채굴형

합의 방식 POS 방식

블록 생성 시간 2분

설립 주체 Patrick Dai(과거 이름 Steven Dai), Neil Mahi

운영 주체 싱가포르, Qtum 재단

목적 및 용도

• 중국을 중심으로 글로벌로 뻗어나가며 블록체인을 이용한 App 생태계 형성을 목표로 한다.

• 분산 응용 프로그램 구축 플랫폼이며 사물인터넷, SNS 허브 개발이 목표다.

기술 및 기능적 특징

• SHA256 알고리즘을 바탕을 하는 비트코인의 UDXO(보안성) 기술과 이 더리움의 EVM 기술(튜링 안전성)을 결합했다.

• 블록 사이즈는 2MB다.

- 비트코인보다 속도가 빨라 결제 신속성을 확보했다.
- 무한 응용 가능한 스마트 컨트랙트 기능으로 다양한 dApp을 구축할 수 있다.

추진 사업 동향 및 전망

- 퀀텀은 향후 중국의 대표 메신저 서비스인 위챗과 결합하여 비즈니스에 최적화된 공개 블록체인이 되기 위한 계획을 발표했다.
- QTUM 기반에 다양한 dApp이 있다. 대표적으로 INK, QBAO, EN-ERGO, MEDIBLOK 등이 있다.

상장 거래소

- 빗썸, 코인원, 업비트, Binance, Bittrex, Bitfinex

네오(NEO)
NEO

https://neo.org

주요 정보

발행 시기 2015년 10월

발행 한도 1억 개

발행 방식 혼합형(노드를 중앙이 지정)

합의 방식 DBFT(Delegated Byzantine Fault Tolerant) 방식

블록 생성 시간 10~20초

설립 주체 Da Hong Fei(CEO), Zang Zeng Wen 등(중국인)

운영 주체 중국, 상하이 재단법인 Onchain

목적 및 용도

• 중국에서 최초로 만들어진 스마트 계약(Neo · Contract) 플랫폼으로서 블록체인 기술로 디지털 자산, 디지털 신원, 스마트 계약이 결합된 스마트 경제 구축이 목적이다.

• 이더리움과 유사하지만 이더리움의 해커에 취약한 약점도 보완했다. 앤트쉐어(Antshares)라 불리다가 2017년 7월에 NEO로 바뀌었다. 50%는 일반인에게 공개, 50%는 NEO 위원회에서 관리하고 있다.

기술 및 기능적 특징

• DBFT 메커니즘을 적용함으로써 코드 분할, 즉 하드포크가 불가능하도록 했다.

- Lattice 암호화 기술을 적용했다.
- 탈중앙화를 지향하는 타 암호화폐와 달리 중앙화된 방식으로 업무를 처리한다. 불록체인 참여자를 노드를 운용하는 북키퍼와 블록체인 사용자로 분리한다. 북키퍼들은 사용자들에 의해 선출되고, 검증마다 이들 중 랜덤으로 블록 생성자가 결정된다. 북커퍼들의 2/3가 검증에 동의하면 합의가 이루어지는 방식이 특징이다.

강점

- C+, JAV, Go 등의 다양한 개발언어를 지원, 확장성이 양호하다
- GAS 코인을 배당으로 주어 장기투자를 유도한다.
- 블록 생성 시간 15 · 20초, 초당 처리 속도 10,000건

약점

- 이더리움과 비슷한 기능을 하는 만큼 dApp 개발에서 이더리움에게 밀리는 약점이 있다.

추진 사업 동향 및 전망

- NEO 기반에 다양한 dApp이 있다. 대표적으로 NEX, ADEX, 마이크로소프트, 알리바바와 파트너십을 맺고 있다.

상장 거래소

- 코인네스트, Binance, Bitfinex, Bittrex

카르다노(Cardano)
ADA

https://www.cardano.org

발행 시기 2017년 10월 1일

발행 한도 450억 개(기발행 수량 : 311억 개)

발행 방식 채굴형

합의 방식 POS 방식(Ouroboros 합의 알고리즘)

설립 주체 IOHK 사/Charles Hoskinson(IOHK의 CEO, 비트코인 개발 참여, 이더리움 공동 개발자), Jeremy Wood

운영 주체 Cardano Foundation, Emurgo, IOHK 사

목적 및 용도

• 이더리움보다 진보된 기능에 중점을 둔 스마트 계약 플랫폼을 구축하는 것이 목표다.

기술 및 기능적 특징

• 이더리움의 문제점인 결제 속도 지연, 디도스 해킹 취약 등을 해결한 제3세대 코인이다.

• 코인 송수신 시 ADA 암호화 기능으로 안전하고 신속한 전송이 가능하다.

• 플랫폼형 코인이므로 dApp 개발이 가능해 확장성이 높다.

• 카르다노 플랫폼 안에 ADA 기능이 있다.

- 소프트포크를 통해 기술 업그레이드가 용이하다.
- 하스켈 프로그래밍 언어를 구축했다.
- 스마트 계약(Smart Contract)을 개발 중이다.

강점

- 디지털 자금을 송수신할 때 사용 가능한 ADA 암호화 기능이 있기 때문에 디지털 자금을 안전하고 신속하게 전송할 수 있다.

추진 사업 동향 및 전망

- 블록체인 연구 및 제안
- 블록체인과 암호화폐의 표준 역할
- 카르다노 생태계 보호
- 카르다노 커뮤니티 육성
- dApp, 기업 참여 유도

상장 거래소

- 업비트, Binance, Bittrex

대시(Dash)
DASH

http://www.dashpay.io

주요 정보

발행 시기 2014년 1월

발행 한도 2,200만 개(총 발행량에 도달하기 위해 매년 7.14% 발행량이 줄어드는 구조)

발행 방식 채굴형(ASIC, GPU, CPU)

합의 방식 POW 방식(X11 Hash 알고리즘)

블록 생성 시간 약 2분 36초

설립 주체 미국 애리조나/Evan Duffield, Ryan Taylor

운영 주체 미국 애리조나/Evan Duffield, Ryan Taylor

목적 및 용도

• 대시는 화폐 기능에 충실한 디지털 머니 시스템이다. 세계 어느 곳에서나 쓸 수 있는 디지털 캐시(Digital Cash)를 목표로 한다.

• Instant(즉시), Private(사적), Secure(보안)이 핵심 가치다. 빠른 거래 속도, 보완 및 익명성이 가장 큰 특징이다.

기술 및 기능적 특징

• 마스터 노드(Master Node)를 통한 Coinjoin 기술로 익명성을 구현한다.

- POW 방식으로 블록을 생성하고 1,000개의 DASH를 보유하게 되면 마스터 노드가 된다. 1,000개의 DASH를 지갑에 넣고 마스터 노드 프로그램을 돌려 이자를 DASH로 받게 되는 시스템이다.

강점

- 거래 속도가 빨라 실시간 전송이 가능하다.
- 완벽에 가까운 익명성을 자랑한다.
- 즉시결제와 익명성이 강점이다.

약점

- 화폐 기능에만 충실한 나머지 다른 용도로의 확장성에 한계가 있다.

추진 사업 동향 및 전망

- 2017년 7월 애플과 애플스토어의 결제 문제를 협업 진행 중이다.

상장 거래소

- 빗썸, 업비트, Binance, Bifinex, Bittrex, Poloniex

제트캐시(Z Cash)
ZEC

https://z.cash

주요 정보

발행 시기 2016년 10월 28일

발행 한도 2,100만 개

발행 방식 채굴형(GPU)

합의 방식 POW 방식(Equihash 알고리즘)/GPU로 채굴 가능

블록 생성 시간 약 2분 30초

설립 주체 Zooko Wilcox(설립자), 미국 존스홉킨스 대학 출신 3명(개발
진), Roger Ver, Barry Seiber, Pantera Capital(투자자)

운영 주체 미국 캘리포니아, Z Cash Foundation

목적 및 용도

• 비트코인의 개인정보 보호와 관련된 한계를 극복하는 것을 목표로 개발되
었다. 개인의 프라이버시를 완벽하게 보장하는 암호화폐다.

• 2013년 처음으로 '제로코인'이라는 이름으로 개발되었고, 2016년 10월
에 '제트캐시'로 명칭이 변경되었다.

기술 및 기능적 특징

• 영지식증명(Zero-Knowledge Proof) 기술을 기반으로 모든 트랜잭
션의 프라이버시를 보호한다.

- ZK-Snarks 합의 알고리즘을 사용하여 익명성 추적이 불가능하게 만들었다.
- 블록 사이즈: 2MB

강점

- 영지식증명을 기반으로 거래 제공자가 공개하는 것 이외에는 제공받은 사람이 알 수 없기 때문에 원하는 정보만 주면서도 해당 거래의 유효성을 확인시킬 수 있는 장점을 가진다.

약점

- 익명 트랜잭션 기능이 가능한 경쟁 코인들이 많아지고 있다.
- 20%의 블록 보상이 개발자에게 귀속된다.

상장 거래소

- 빗썸, Bitfinex, Bittrex, Poloniex

모네로(Monero)
XMR

https://getmonero.org

주요 정보

발행 시기 2014년 4월

발행 한도 제한 없음(현재 1,840만 개)

발행 방식 채굴형

합의 방식 POW 방식(CryptoNight 알고리즘)

블록 생성 시간 1분 57초

설립 주체 리카도 스파니, 프란시스코 카바나스

운영 주체 법인이 아닌 커뮤니티에서 운영

목적 및 용도

- 모네로는 세계 최고의 암호화 화폐 연구원 및 엔지니어링 인재를 유치하는 풀뿌리 커뮤니티다. 30명의 핵심 개발자를 비롯한 240여 명의 개발자가 모네로 프로젝트에 기여하여 탄생한 코인이다. 모네로의 공식 슬로건은 안전(Secure), 사적(Private), 추적불가(untraceable)다.
- 개인정보 보호, 분산화 및 확장성, 추적이 불가능한 익명성에 중점을 두었다.

기술 및 기능적 특징

- Ring-signature, One-time keys, Ring CT의 세 가지 방법을 사용하여 추적이 불가능한 익명성을 구현했다.

- Crypto Note 프로토콜로 송금증명을 하여 사용자의 익명성을 보호하고, 작업증명은 Crypto Light 기법을 사용한다.
- 2분마다 블록이 생성되고, 0.3 모네로 보상이 이루어진다.
- 거래할 때는 송금자만 사용할 수 있는 일회용 숨김 주소가 발급되며, 이를 통해 보안이 강화된다.

강점

- 비트코인의 프라이버시 문제를 해결했다.
- 익명성 분야에 큰 강점을 가진다.

약점

- 자금세탁이나 범죄조직에 사용되어 당국의 제재에 노출될 가능성이 있다.

상장 거래소

- 빗썸, 코빗, Bitfinex, Bittrex, Poloniex

리플(Riffle)
XRP

https://ripple.com

주요 정보

발행 시기 2013년 8월 4일

발행 한도 1,000억 개(46% 리플사 보유, 유통 382억 개, 점진적으로 소량 발행)

발행 방식 비채굴형(Private Blockchain)

합의 방식 확률적 투표 이론(probabilistic voting)에 합의 구조

설립 주체 Ryan Fugger(웹 개발자), Jed McCaleb(프로그래머), Chris Larsen(기업가)

운영 주체 Ripple Inc, Brad Garlinghouse(CEO)

목적 및 용도

- 2004년 웹 개발자 라이언 푸거(Ryan Fugger)는 리플페이(Ripple Pay)라는 이름으로 전 세계 은행 간 실시간 자금송금을 위한 서비스를 개발하였다. 2012년에는 오픈코인(Open Coin)이라는 회사를 설립한 후 비트코인 개발에 참여했던 멤버들과 함께 리플코인을 만들었다.

- 세계적인 디지털 결제 네트워크를 목표로 한다.

- 국제 송금 시스템 형태로 개발 및 특화하고 있다.

- P2P 또는 은행 간 외환 거래를 중개하는 다리(Bridge Currency) 역할을 하고자 한다.

기술 및 기능적 특징

- 중앙에 운영 · 관리 시스템이 없는 암호화폐와 달리 중앙 운영 주체가 있다.
- 모든 코인을 리플랩스가 발행하고 유통도 책임진다.

강점

- SWIFT 망을 거치지 않고 저렴한 비용과 빠른 국제 결제 서비스(국제 송금)을 할 수 있다.
- 연결통화(Bridge Currency) 역할을 하므로 수요가 적은 희귀 통화를 거래하기 쉽다.
- 빠른 결제 속도 : 3~5초/초당 트랜잭션 수 1,500만 개 이상

약점

- 비채굴형 코인은 채굴형에 비하여 코인의 가격 상승 동인이 약하다.
- 발행량이 많다.

추진 사업 동향 및 전망

- 2014년 3월 구글 벤처스에서 10억 달러를 투자했다.
- 미국, 독일의 글로벌 은행권이 리플 블록체인 네트워크에 참여하고 있다.
- 주요 은행에서 결제 시스템으로 도입 중이다.
- 미츠비시, 도쿄은행, 스웨덴 SEB, 스페인 BBA 등 글로벌 은행 10곳이 리플 네트워크에 추가되는 등 현재 75개 대형 금융사가 업무 협약을 진행 중이다.
- 세계 5대 송금 회사 중 3개 회사가 지불 수단으로 리플코인 사용을 계획 중이다.

상장 거래소

- 빗썸, 코인원, 코빗, 업비트, Bitfinex, Binance, Bittrex

스텔라(Stellar Lumens)
XLM

https://www.stellar.org

주요 정보

발행 시기 2014년 7월 30일

발행 한도 1,000억 개(리플과 동일)

발행 방식 비채굴형(Private Blockchain), 발행 한도의 50%(개인),
　　　　　은행을 이용하지 못하는 자(25%), 비트코인 소유자(20%),
　　　　　스텔라 재단 운용비용(5%)

합의 방식 SCP 프로토콜에 의한 합의 방식

설립 주체 Jed McCaleb(리플 개발자, 프로그래머)

운영 주체 스텔라 개발 재단(비영리 법인)

목적 및 용도

- 리플을 설립한 제드 매칼렙이 리플에서 나오면서 설립한 암호화폐로서 리플 프로토콜에 기초하여 새로운 버전으로 업그레이드된 코인으로, 리플과 유사한 특성을 가지고 있다.

- 은행, 결제 시스템과 사람을 연결해주는 플랫폼, 즉 디지털 금융 서비스 제공을 목표로 한다.

- 금융기관을 대상으로 국제 결제 서비스를 하는 리플과 달리 스텔라는 개인과 금융 소외층을 타겟 마켓으로 한다.

• 리플 프로토콜에 기초한다.

• 리플과 구조와 특성이 유사하므로 개성이 약하다.

• 금융 인프라가 부족한 개도국(필리핀, 인도 등)에 금융 인프라 구축을 추
 진 중이다.

• 업비트, Binance, Bittrex, Poloniex

아이오타(IOTA)
MIOTA

https://iota.org

주요 정보

발행 일시 2015년 10월 21일

발행 한도 27억 개(전량 유통)

발행 방식 비채굴형

합의 방식 Tangle 알고리즘

설립 주체 독일 베를린, 아이오타 재단/Dominik Schiener

운영 주체 독일 베를린, 아이오타 재단/Dominik Schiener

목적 및 용도

• 디지털 통화를 위해 설계되지 않고 사물인터넷(IOT)에 적합하도록 설계
되었다. 가전, 자동차 등 거의 모든 전자기기들에 적용 가능한 플랫폼으
로서의 역할을 목표로 한다.

기술 및 기능적 특징

• 블록체인 기술이 아니라 탱클 방식의 기술을 기반으로 Tangle 분산원장
을 사용한다. 기존 블록체인들은 트랜잭션이 많아지면 확장성이 떨어지
지만 탱글은 트랜잭션이 많아질수록 네트워크 보안도 좋아지고 확장성까
지 커지는 구조다.

- 디지털통화 개념보다는 다양한 확장이 가능한 Smart Contract 플랫폼 성격을 가지고 있다.
- 수수료 없이 계약 이전이 가능하다
- 소액결제 시스템을 효율적으로 구현할 수 있다.
- 블록 없는(Blockless) 분산원장 방식이므로 속도가 빠르고 확장성이 무한하다.

약점

- 비채굴형 코인은 마이너의 채산성과 관련된 채굴형 코인에 비해 시장 인기가 약하다.

추진 사업 동향 및 전망

- 국제운송혁신센터(ITIC), 대기업 물류관리센터와의 자동물류 시스템 개발 및 협업이 진행 중이다.
- 시스코, 마이크로소프트, 삼성, 폭스바겐 등 세계 유수한 기업들과 파트너십을 맺고 있다.

상장 거래소

- 코인원, Binance, Bitfinex

스팀(Steem)
STEEM

https://steem.io

주요 정보

발행 시기 2016년 4월 18일

발행 한도 제한 없음, 매년 공급량 100% 증가(현재 2억 6,011만 개 발행)

발행 방식 채굴형

합의 방식 POW + DPOS 방식(투표로 선정된 20명만 채굴)

블록 생성 시간 약 3초

설립 주체 Daniel Larimer, Ned Scott, 비트쉐어(Bitshare) 코인 개
발진이 참여

운영 주체 미국 버지니아, Steemit Inc.

목적 및 용도

• 블록체인 기반의 소셜 네트워크인 스팀잇(Steemit)의 플랫폼에서 사용할
목적으로 개발된 암호화폐다. 스팀잇은 페이스북, 인스타그램, 트위트와
같이 사용자들이 자유롭게 콘텐츠를 올리고 의견을 공유하는 공간이다.
스팀잇 블로그에 글을 쓰거나 댓글을 달면 보상으로 스팀 코인을 받는다.
직접 채굴하지 않아도 코인을 받을 수 있다. 이를 통해 정확한 정보 제공,
생산적인 피드백을 유도하면서 생태계가 자율적으로 굴러간다.

기술 및 기능적 특징

• 소셜미디어 네트워크 기반의 블록체인 플랫폼이다.

- 포스팅 또는 소통을 하거나 '좋아요'를 누르면 Steem을 보상으로 준다.
- 블록 생성 주기는 3초며, 초당 1,000개 트랜잭션 처리가 가능하다.
- 비트코인이나 이더리움과 교환이 가능한 토큰(Token)이다.

강점

- 미국의 신용평가회사 Weiss Rating로부터 양호한 등급을 받았다.
- SNS에 참여하는 사람에게 주는 보상 시스템(Reward System)이 매력적이다.

특기사항

스팀잇은 일반 소셜 네트워크처럼 자유롭게 글을 올릴 수 있는 플랫폼이다. 일반 SNS와 다른 점은 블록체인으로 연결되어 있어서 글을 올리거나 다른 사람에게 공감의 투표를 해줌으로써 보상을 받게 된다는 것이다. 스팀잇에는 스팀, 스팀 달러, 스팀 파워의 세 가지 유형의 자산이 있다.

1) 스팀 스팀은 스팀 블록체인의 기본적인 코인 단위며, 스팀잇이라는 플랫폼에서 사용하는 디지털 자산이다. 거래소를 통해 사고팔 수 있고, 스팀 달러와 스팀 파워로도 즉시 교환이 가능하다.

2) 스팀 달러 스팀 달러는 스팀잇에 글을 올린 글쓴이에게 보상으로 지급하는 자산이다. 스팀 달러는 스팀을 1달러로 환산한 금액이다. 일정 기한 스팀 달러를 스팀으로 환전할 수도 있다. 스팀 파워처럼 보유 기간 동안 일정 비율의 이자를 받는다.

3) 스팀 파워 스팀 파워는 콘텐츠 작성자가 받는 것이 아니라 투표를 해준 투표자가 받게 되는 보상이다. 투표를 한 번 할 때마다 2달러에 해당하는 스팀 파워를 받게 된다. 스팀 달러처럼 보유 기간 동안 일정 비율의 이자를 받는다. 스팀 파워에서도 스팀으로 파워 다운하여 환전할 수 있다.

상장 거래소

- 코빗, 업비트, Binance, Bittrex, Poloniex

NEM
XEM

https://nem.io

주요 정보

발행 시기 2015년 3월 1일

발행 한도 90억 개

발행 방식 채굴형

합의 방식 POI 방식

설립 주체 NEM Foundation

운영 주체 싱가포르, NEM Foundation

목적 및 용도

• 통화, 공급망, 공증, 소유권 등 모든 종류의 자산을 관리할 수 있는 스마트 에셋(Smart Asset) 플랫폼이다. NEM은 New Economy Movement의 약자다.

기술 및 기능적 특징

• 자바 스크립트로 C+ 형식의 코드 작성, 다중서명 계정, 암호화 거래, Eigentrust++ 평판 시스템과 같은 새로운 기술을 개발하였다.

- 공공 및 사설 블록체인 간의 원활한 관계가 가능하다.
- POI 방식이므로 채굴과 관련된 비용이나 에너지 낭비가 없다.
- 블록 생성 시간이 60초므로 트랜잭션을 신속하게 처리할 수 있다.

약점

- 2018년 1월 일본 암호화폐 거래소 코인체크(Coincheck)에서 NEM 580억 엔(한화 5,800억 원) 해킹 사건이 발생했다.

추진 사업 동향 및 전망

- 일본의 상업용 블록체인인 미진에서 넴(NEM)을 소프트웨어로 활용 중이고, 테크뷰로 사와 드래곤 플라이 핀테크 사가 일본과 동남아시아 국가들에서 NEM 플랫폼의 블록체인 기술을 활용한 m 솔루션을 추진 중이다.

상장 거래소

- 업비트, Zaif(일본), Bittrex, Poloniex

아이콘(ICON)
ICX

https://www.icon.io

주요 정보

발행 시기 2017년 10월 27일

발행 한도 4억 개

발행 방식 비채굴형

합의 방식 C-Rep

설립 주체 데일리 금융그룹 계열사인 데일리 인텔리전스

운용 주체 한국

목적 및 용도

- 정부, 대학, 병원, 은행, 증권 등 금융기관들과 연결하여 다양한 분야에서 블록체인 ID, 지불교환, dApp 등 상호작용하는 것을 목표로 한다.

기술 및 기능적 특징

- 이더리움 플랫폼 기반 하의 토큰
- 스마트 컨트랙트
- LFT 알고리즘
- Loop Chain 기반
- 인공지능 Davinci 지원

- 이더리움 기반 하에 다양한 확장이 가능하다.

추진 사업 동향 및 전망

- 블록체인 네트워크 파트너십 확장
- AI 론칭

특기사항

- 국내 암호화폐 거래소 코인원 계열의 더 루프에서 ICO를 진행했다.
- 국내 최초 개발, 해외 거래소에 상장했다.
- 돈 탭스콧 박사가 고문으로 참여했다.
- 홍콩 바이넌스 거래소의 거래 비중이 90%에 육박했다.

상장 거래소

- Binance, Huobi

트론(TRON)
TXR

https://tron.network

주요 정보

발행 시기 2017년 8월 13일

발행 한도 1,000억 개(현재 공급량 650만 개)

발행 방식 비채굴형

합의 방식 미정

설립 주체 중국, 트로닉스 사
(CEO, Justin Sun, 중국 이름 Sun Yu Chen, 리플의 수석 개발자)

운영 주체 중국, 트로닉스 사
(CEO, Justin Sun, 중국 이름 Sun Yu Chen, 孙宇晨)

목적 및 용도

• 블록체인 기반의 탈중심적 프로토콜로 세계적인 무료 콘텐츠 엔터테인먼트 시스템을 만들기 위해 설계되었다. 특정 서비스 제공자에게 의존하지 않고 문자, 오디오, 사진, 동영상 등을 포함한 멀티미디어 콘텐츠의 저장 및 보급이 가능한 코인이다.

• 미디어 서비스를 할 때 중계 업체, 즉 구글이나 애플과 같은 업체가 끼지 않고 공급자와 최종 수요자가 직접 거래할 수 있는 생태계를 만들어 중개 수수료 없이 거래할 수 있는 시장구조를 만드는 것을 목표로 한다.

• 콘텐츠 생산자가 콘텐츠 제공을 통해 디지털 자산을 받기 때문에 생태계가 경제적으로 촉진되는 구조를 갖는다.

기술 및 기능적 특징

• 블록체인 분산 스토리지 기술을 사용한다.

강점

• 탈중앙화와 공유의 경제를 실현한다.

약점

• 개발 중인 미완성 코인이다.

추진 사업 동향 및 전망

• 중국 자전거 쉐어링 업체인 오바이크(Obike)와 파트너십을 맺었다.

• 트론의 로드맵은 2018년 8월부터 2027년 9월까지 5단계의 장기 플랜을 가지고 있으며, 현재는 1단계에 있다. 현재 회사는 존재하지만 아직 트론의 블록체인은 존재하지 않는다.

상장 거래소

• 코인네스트, Binance

부록

사토시 논문, 한글 번역본
비트코인 : 개인 대 개인 전자화폐 시스템

사토시 논문, 영어 원문
Bitcoin : A Peer-to-Peer Electronic Cash System

"기회를 찾아야 기회를 만든다."

-패티 헨슨

비트코인 : 개인 대 개인 전자화폐 시스템

Satoshi Nakamoto

satoshin@gmx.com

www.bitcoin.org

임민철 번역 v0.9

imc@live.co.kr | https://encodent.com/bitcoin

초록. 전자화폐의 순수한 개인 대 개인 버전은 금융기관을 거치지 않고 한쪽에서 다른 쪽으로 직접 전달되는 온라인 결제(payments)를 가능하게 한다. 전자서명은 부분적인 솔루션을 제공하지만 만약 이중지불(double-spending)을 막기 위해 여전히 신뢰받는 제3자를 필요로 한다면 그 주된 이점을 잃게 된다.

우리는 개인 대 개인 네트워크를 이용해 이중지불 문제를 해결하는 솔루션을 제안한다. 이 네트워크는 거래를 해싱해 타임스탬프를 찍어서 해시 기반 작업증명(proof-of-work)을 연결한 사슬로 만들고, 작업증명을 재수행하지 않고서는 변경할 수 없는 기록을 생성한다. 가장 긴 사슬은 목격된 사건의 순서를 증명할 뿐 아니라, 그것이 가장 광대한 CPU 파워풀에서 비롯했음을 증명하기도 한다.

CPU 파워 과반을 통제하는 노드가 네트워크를 공격하기 위해 협력하지 않는 한 이들은 가장 긴 사슬을 만들어내며 공격자를 압도한다. 이 네트워크 스스로는 최소한의 구조만을 요구한다. 메시지는 최선의 노력을 다해 퍼져나가고, 노드는 의사에 따라 네트워크를 떠나거나 최장의 작업증명 사슬을 그들이 없는 사이에 벌어진 일의 증거로 채택해 재합류할 수 있다.

1. 서론

인터넷 기반 상거래는 전자결제를 처리할 만한 신뢰받는 제3자 역할을 거의 전적으로 금융기관에 의존해왔다. 이 시스템은 대부분의 거래에서 제 역할을 하며 충분히 잘 동작되지만, 여전히 신뢰 기반 모델의 태생적 약점을 극복하지 못한다.

금융기관은 분쟁 중재를 피할 수 없기 때문에 완전한 철회 불가 거래는 실제로 불가능하다. 중재 비용은 거래 비용을 높이고 실거래 최소 규모를 제한하며 소소한 일상적 거래 가능성을 가로막는다. 철회 불가 서비스를 위한 철회 불가 결제 능력의 상실에서 더 큰 비용이 발생한다. 철회 가능성을 위해서는 신뢰 확산이 요구된다. 상거래자(Merchants)는 필요 수준보다 더 많은 정보를 위해 그들을 괴롭히는 고객을 경계해야 한다. 사기의 일정 비율은 불가피한 것으로 간주된다. 이런 비용과 결제 불확실성은 직접 물리적 통화(currency)를 사용하는 경우 회피될 수 있지만, 신뢰(받는 제3)자 없이 통신 채널로 결제를 수행할 방법은 존재하지 않는다.

필요한 것은 신뢰 대신 암호학적 증명(cryptographic proof)에 기반해 거래 의사가 있는 두 당사자가 신뢰받는 제3자를 필요로 하지 않고 서로 직접 거래하게 해주는 전자화폐 시스템이다. 전산적으로 철회가 불가능한 거래는 사기로부터 판매자를 보호하고, 통상적인 제3자 예치(escrow) 방법은 구매자를 보호하기 위해 쉽게 구현될 수 있다.

이 논문에서 우리는 시간순으로 거래의 전산적 증거를 생성하는 개인 대 개인 간 분산 타임스탬프 서버를 사용한 이중지불 문제의 솔루션을 제안한다. 이 시스템은 정직한 노드가 공격을 하려고 협력하는 노드 그룹보다 총체적으로 더 많은 CPU 파워를 통제하는 한 보안상 안전하다.

2. 거래

우리는 디지털 서명의 사슬로서 전자적 화폐(electronic coin)를 정의했다. 각 소유자는 화폐를 송금할 때 이전 거래 내역 및 다음 소유자 공개키의 해시값에 전자적으로 서명을 하고, 이 정보를 이 화폐의 끝에 첨가한다. 수금자 (payee)는 소유권(ownership)의 사슬을 검증하기 위해 해당 서명을 검증할 수 있다.

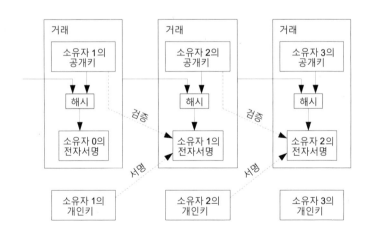

이 과정에서 문제는 수금자가 소유자 가운데 누가 화폐를 이중지불하지 않았는지 검증할 수 없다는 점이다. 통상적인 솔루션은 신뢰받는 중앙 통제기관(trusted central authority)이나 조폐국(mint)을 두고 모든 거래에서 이중지불 여부를 점검하는 것이다. 거래를 마칠 때마다 이 화폐는 조폐국으로 회수돼 새로운 화폐로 발행돼야 하고, 조폐국에서 직접 발행된 화폐만이 이중지불되지 않았다고 신뢰받는다. 이 솔루션의 문제는 전체 통화 체계(the entire money system)의 운명이 은행처럼 모든 거래가 거쳐가야 하는 조폐국 운영 회사에 달려 있다는 점이다.

우리에게는 이전 소유자가 그 전에 어떤 거래에도 서명하지 않았음을 수금자에게 알릴 수 있는 수단이 필요하다. 우리는 가장 앞선 거래 하나를 인정하고, 이후 이중지불 시도에는 신경쓰지 않는다. 그런 (이중지불된) 거래가 없음을 확인할 유일한 방법은 모든 거래를 인식하고 있는 것뿐이다.

조폐국 기반 모델에서, 조폐국은 모든 거래를 인식했고 최초로 받은 거래를 (승인 대상으로) 결정했다. 신뢰받는 (제3)자 없이 이 방식을 실현하려면 거래는 공개적으로 알

려져야 하고[1], 노드들이 거래를 받는 순서의 단일 이력
에 합의하는 시스템이 필요하다. 수금자는 매 거래 시마
다 그것이 첫 수금이라는 데 노드 다수가 동의했음을 증
명해야 한다.

3. 타임스탬프 서버

우리가 제안하는 솔루션은 타임스탬프 서버로 시작한
다. 타임스탬프 서버는 타임스탬프가 찍힌 항목 블록의
해시를 가져가 그 해시를 신문이나 유즈넷 게시물[2-5]
처럼 널리 배포하는 방식으로 작동한다. 이 타임스탬프는
그 데이터가, 명백히, 해시(과정)에 들어가기 위해 해당 시
각부터 존재했음을 증명한다. 각 타임스탬프는 그 해시
안에 이전의 타임스탬프를 포함하고, 그에 앞선 것들을
하나씩 연장하는(reinforcing the ones) 타임스탬프가 찍
힌 사슬을 생성한다.

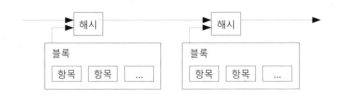

4. 작업증명

개인 대 개인 기반으로 분산 타임스탬프 서버를 구현하기 위해 우리는 신문이나 유즈넷 게시물 대신 애덤 백의 해시 캐시(Adam Back's Hashcash)와 유사한 작업증명 시스템[6]을 사용할 필요가 있다. 작업증명은 0비트(zero bits) 여러 개로 시작하는, SHA-256 같은 해시된 값 스캐닝을 수반한다. 이에 필요한 평균 작업은 요구되는 0비트 수에 따라 지수적이며 단일 해시를 실행함으로써 확인될 수 있다.

타임스탬프 네트워크용으로 우리는 블록의 해시에 필요한 0비트를 주는 값이 발견될 때까지 블록 안에 임시값을 증분(incrementing a nonce)하는 것으로 작업증명을 구현했다. 작업증명을 만족하는 데 한 번 CPU 동작(CPU effort)이 쓰였다면 그 블록은 그 작업을 재수행하지 않고는 변경될 수 없다. 거기에 나중 블록이 연결되는 만큼 블록을 변경하기 위한 재수행 작업은 그 뒤 모든 블록까지 포함한다.

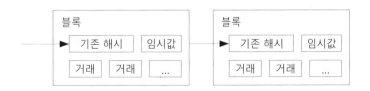

작업증명은 다수결(majority decision making)의 대표성 문제도 해결한다. IP 주소당 1표에 기반한 다수 조건이라면 누구든지 많은 IP를 할당할 수 있는 이에 의해 장악될(subverted) 수 있다. 작업증명은 기본적으로 CPU당 1표다. 다수 의사는 최다 작업증명 동작이 투입된 가장 긴 사슬로 대표된다. 만일 다수 CPU 파워가 정직한 노드에 의해 통제된다면, 가장 정직한 사슬이 가장 빠르게 늘어나 다른 경쟁 사슬을 압도할 것이다. 과거 블록을 변경하려면 공격자는 그 블록과 그 뒤를 잇는 모든 블록의 작업증명을 재수행해야 하고, 그러면서 가장 정직한 노드들의 작업을 따라잡아 앞질러야 한다. 뒤에서 우리는 이어지는 블록이 추가될수록 더 느린 공격자가 따라잡을 확률이 지수적으로 감소함을 보이겠다.

시간이 지날수록 노드를 구동하는 하드웨어의 속도 증가와 변화하는 관여도(interest)를 보상하기 위해 작업증명 난도(difficulty)는 시간당 평균 블록 수에 따른 평균 목표치를 조정해 결정된다. 그것들(블록)이 너무 빨리 생성되면 난도가 증가한다.

5. 네트워크

네트워크를 실행하는 단계는 다음과 같다.

1) 새로운 거래가 모든 노드에게 확산되어 알려진다.

2) 각 노드가 새로운 거래를 블록에 수집한다.

3) 각 노드가 그 블록에 맞는 난도의 작업증명 찾기에 나선다.

4) 노드가 작업증명을 찾은 시점에 그는 모든 노드에게 그 블록을 확산해 알린다.

5) 노드는 모든 거래가 유효하며 아직 지불되지 않았다는 조건에 맞을 경우에만 그 블록을 승인한다.

6) 노드는 블록 승인을 표현하기 위해 이전 해시로 승인된 블록의 해시를 사용해 사슬 안에 다음 블록을 생성한다.

노드는 항상 가장 긴 사슬을 정확한 것으로 간주하고 그것을 잇는 작업을 지속한다. 만일 두 노드가 동시에 다음 블록의 상이한 버전을 확산하여 알린다면 한 노드는 그 중 하나 또는 다른 것을 먼저 받을 수 있다. 이 경우 그들은 먼저 받은 것을 작업하지만, 다른 분기(branch)도 저장해 그것이 더 길어질 경우에 대비한다. 이 동점(tie)은 다음 작업증명이 발견되면서 깨지고 한쪽 분기가 더 길어지며, 다른 분기를 작업하던 노드는 그 뒤 (작업 대상을) 더 긴 것으로 전환한다.

새로운 거래 브로드캐스트가 반드시 모든 노드에게 도달할 필요는 없다. 브로드캐스트는 많은 노드에 도달하는 만큼 곧 한 블록 안에 들어간다. 블록 브로드캐스트는 또한 누락된 메시지에 내성을 갖는다. 만일 노드가 블록을 받지 못하면 그는 다음 블록을 받을 때 누락된 것을 알아차리고 그것을 요청한다.

6. 인센티브

관례상 블록 안의 첫 거래는 블록을 만든 이의 몫이 될 새 화폐로 시작하는 특별한 거래다. 이는 화폐를 발행하는 중앙 기관 없이 노드가 네트워크를 지원할 인센티브를 더해주며, 초기에 발행한 화폐의 유통 방법을 제공한다. 새 화폐를 일정량 꾸준히 추가하는 것은 금 채굴자가 유통하는 금을 추가하기 위해 자원을 소비하는 것과 유사하다. 우리의 경우 소비되는 것은 CPU 시간과 전기다.

이 인센티브는 또한 거래 수수료(transaction fees)의 재원이 될 수 있다. 만일 거래에서 도출된 가치가 투입된 가치보다 작다면 그 차이가 거래를 포함한 블록의 인센티브 가치에 더해질 거래 수수료다. 한번 선결된 화폐 수가 유통되면, 이 인센티브는 모두 거래 수수료로 전환돼 인플레이션에서 완전히 자유로워질 수 있다.

이 인센티브 노드들은 계속 정직하도록 유도하는 데 도움을 줄 수 있다. 만일 탐욕스러운 공격자가 모든 정직한 노드보다 더 많은 CPU 파워를 모을 수 있다면, 그는 그것을 자신의 결제를 다시 훔쳐 사람들을 속이는 데 쓰는 것 또는 새로운 화폐를 만들어내는 데 쓰는 것 사이에서 선택해야 한다. 그는 곧 규칙대로 움직이는 게 더 이득임을 알게 될 것이다. 왜냐하면 규칙은 그에게 다른 모두의 몫을 합친 것보다, 시스템과 그가 보유한 부의 유효성을 해치는 것보다 더 많은 새 화폐를 베풀기 때문이다.

7. 디스크 공간 회수

화폐 안의 최종 거래가 충분한 블록에 묻히면 그 전에 지불된 거래는 디스크 공간을 절약하기 위해 폐기될 수 있다. 블록의 해시를 깨지 않고 이것을 촉진하기 위해 거래는 머클 트리(Merkle Tree)[7][2][5]로 해시되며, 그 루트(root)만 블록의 해시 안에 포함된다. 그러면 오래된 블록은 트리의 분기를 쳐냄으로써 작아질 수 있다. 내부 해시는 저장될 필요가 없다.

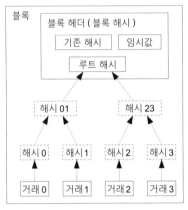

머클트리로 해시된 거래

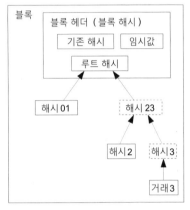

블록의 0-2번 거래 분기를 쳐낸 뒤

거래가 없는 블록헤더는 약 80바이트가 된다. 블록이 10분마다 만들어진다고 가정하면 '80바이트 × 6 × 24 × 365 = 연간 4.2MB'다. 2008년부터 통상적으로 판매되는 RAM 2GB짜리 컴퓨터 시스템, 그리고 현재 연간 1.2GB 씩 성장을 예측하는 무어의 법칙으로 보면, 만일 블록헤더가 메모리에 보존돼야 한다고 하더라도 저장공간은 문제가 되지 않는다.

8. 간소화한 결제 검증

결제 검증은 전체 네트워크 노드를 구동하지 않고도 가능하다. 사용자는 그가 최장 작업증명 사슬을 가졌다고 확신할 때까지 네트워크 노드를 조회해 얻을 수 있는 가장 긴 사슬의 블록헤더 사본을 유지하면서 해당 거래를 타임스탬프가 찍힌 블록에 연결한 머클 분기를 얻기만 하면 된다. 그는 자신의 거래를 검사할 수는 없지만 사슬 내 장소에 연결함으로써 네트워크 노드가 그것을 받아들인 것과 이후 그것이 받아들여졌음을 확인한 뒤 추가된 블록을 볼 수 있다.

최장 작업증명 사슬

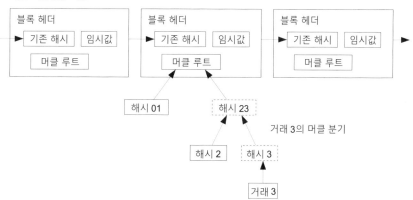

이처럼 네트워크를 제어하는 노드가 정직하다면 검증은 믿을 만하지만, 만일 네트워크가 공격자에 의해 과점된다면 검증은 더 취약해진다. 네트워크 노드가 거래를 자체 검증할 수는 있지만, 간소화한 방법으로 공격자가 네트워크를 계속 과점할 수 있는 한 그가 조작한 거래에 의해 기만당할 수 있다.

이를 방어하기 위한 한 가지 전략으로 네트워크 노드가 유효하지 않은 블록을 탐지 시 그로부터 경고받아서 사용자의 소프트웨어가 그 온전한 블록을 내려받게 하고, 경고된 거래에 그 불일치(inconsistency)를 확인하도록 한다. 수금이 빈번한 비즈니스는 아마도 여전히 더 독립적인 보안과 더 빠른 검증을 위해 그들의 자체 노드를 구동하길 원할 것이다.

9. 가치 합치기와 나누기

화폐를 독립적으로 다루는 것은 가능하더라도 송금에 모든 푼돈(every cent)을 별도 거래로 만드는 것은 무리한 일이다. 가치를 나누고 합칠 수 있도록 거래는 복수의 입출금을 포함한다. 일반적으로 입금은 더 큰 이전 거래의

단수 입금 또는 더 작은 양을 결합한 복수 입금이며, 출금
은 지불용 출금 하나와 만일 있다면 송금인(sender)에게
돌려줄 거스름돈 출금 하나, 이렇게 많아야 둘이다.

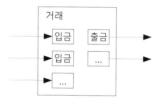

펼친 부채꼴(fan-out)처럼 거래가 여러 거래에 의존하
고, 그 여러 거래가 더 많은 거래에 의존하는 것은 문제가
되지 않는다. 우리는 여기에 주목해야 한다. 완전히 독립
된(standalone) 거래 내역 사본을 추출해야 할 필요는 전
혀 없다.

10. 프라이버시

전통적인 은행 모델은 참여 당사자와 신뢰받는 제3자에
게 정보 접근을 제한함으로써 일정 수준의 프라이버시를
달성한다. 이 방법은 모든 거래를 공개할 필요성에 따라
배제되지만, 공개키 익명성을 보존해 다른 장소에서 정보

의 흐름을 끊는 것으로 여전히 프라이버시가 보장될 수 있다. 대중은 누군가가 다른 누군가에게 보내는 금액을 볼 수 있지만, 그 거래에 연결된 누군가에 대한 정보는 볼 수 없다. 이는 증권 거래소에서 공개되는 정보 수준과 비슷하게 개별 거래 시각과 규모를 나타내는 '테이프(tape)'는 공개되지만 그 당사자가 누구인지 알지는 못하는 것이다.

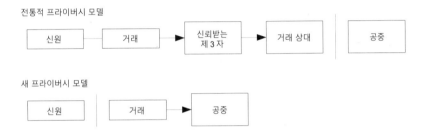

추가 방화벽으로 새로운 키 쌍이 각 거래마다 공통된 소유자와 연결을 유지하도록 사용돼야 한다. 어떤 연결은 다중입력 거래 시 여전히 불가피하게 그 입력이 동일 소유자의 것임을 필연적으로 드러낸다. 만일 키 소유자가 공개되면 연결은 다른 거래도 동일 소유자에게 속하는 것임을 노출할 위험이 있다.

11. 계산

정직한 사슬보다 더 빨리 대체 사슬을 만들어내려는 공격자의 시나리오를 고려해보자. 만일 이런 시도가 성공한다 하더라도 그것이 아무것도 없는 곳에서 가치를 만들어내거나 공격자가 소유한 적도 없는 돈을 얻게 만드는 식으로 이 시스템이 무단 변경되도록 허용하지는 않는다. 노드는 유효하지 않은 거래를 결제로 받아들이지 않으며, 정직한 노드는 이러한 블록을 절대 받아들이지 않는다. 공격자는 오로지 자신의 거래에서 그가 최근 지출한 돈을 거둬들이는 것 하나만을 바꿀 수 있다.

정직한 사슬과 공격자 사슬 간의 경주는 이항임의보행(Binomial Random Walk)으로 특징지을 수 있다. 성공 이벤트는 정직한 사슬이 그 우위(lead)를 +1만큼 늘리는 블록 하나를 연장한 것이고, 실패 이벤트는 공격자 사슬이 그 격차를 -1만큼 좁히는 블록 하나를 연장한 것이다.

공격자가 주어진 열세를 따라잡을 확률은 도박꾼의 파산(Gambler's Ruin) 문제와 유사하다. 도박꾼이 무제한의 신용과 함께 열세로 시작하고 손익분기(breakeven)에 도달하려는 시도를 잠재적으로 무한한 횟수에 걸쳐 시행

한다고 가정해보자. 우리는 그가 점차 손익분기에 도달할 확률, 다시 말해 공격자가 정직한 사슬을 따라잡을 확률을 다음과 같이 계산할 수 있다 [8].

p = 정직한 노드가 다음 블록을 발견할 확률

q = 공격자가 다음 블록을 발견할 확률

q_z = 공격자가 z 블록 뒤에서부터 따라잡을 확률

$$q_z = \begin{cases} 1 & if \ p \leq q \\ (q/p)^z & if \ p > q \end{cases}$$

p>q라 가정하면 공격자가 따라잡아야 하는 블록 수가 늘어날수록 실제로 그럴 수 있는 확률은 지수적으로 감소한다. 그에게 주어진 조건으로 보아 만일 그가 초기에 운 좋게 앞으로 치고 나가지 못한다면, 기회는 그가 뒤쳐질수록 보이지 않을 만큼 작아진다.

이제 송금인이 새로운 거래를 변경할 수 없다고 충분히 확신하기 전까지 수취인(recipient)이 얼마나 오래 기다려야 할지 고려해보자. 송금인이 자신이 지불했음을 수취인이 한동안 믿게 한 다음 시간이 좀 지나서 지불금을 다

시 회수하도록 계획한 공격자라고 가정한다. 해당 수신자
(receiver)는 그런 일이 발생할 때 경고를 받겠지만, 송금
인은 그것이 늦기를 바란다.

수신자는 새로운 키 쌍을 생성하고 서명 직전에 송금인
에게 공개키를 준다. 이는 송금인이 운 좋게 충분히 앞설
때까지 계속 그 작업을 수행함으로써 미리 블록의 사슬을
준비하지 못하게 만들고, 그 시점에 거래를 실행한다. 거
래가 한 번 발신되면 이 부정직한 송금인은 몰래 그의 거
래를 대신할 버전으로 사슬 작업을 병행하기 시작한다.

수신자는 해당 거래가 블록에 추가되고 그 뒤에 z블록
이 연결될 때까지 기다린다. 그는 공격자가 (블록 처리를)
진척시킨 규모를 알지 못하지만, 정직한 블록이 예상되는
블록당 시간 평균치를 따른다고 가정하면 공격자의 잠재
적 진척도는 기대값을 갖는 푸아송 분포(Poisson distribu-
tion)가 될 것이다.

$$\lambda = z\frac{q}{p}$$

현재 공격자가 여전히 따라잡을 수 있는 확률을 얻기 위
해 그가 해당 시점부터 따라잡을 수 있는 확률로 만들어

낼 각 진척 규모별 푸아송 밀도를 곱한다.

$$\sum_{k=0}^{\infty} \frac{\lambda^k e^{-\lambda}}{k!} \cdot \left\{ \begin{array}{ll} (q/p)^{(z-k)} & if\, k \le z \\ 1 & if\, k > z \end{array} \right\}$$

분포의 무한꼬리 합산을 피하도록 정리하고,

$$1 - \sum_{k=0}^{z} \frac{\lambda^k e^{-\lambda}}{k!} \left(1 - (q/p)^{(z-k)} \right)$$

C 코드로 바꿔서,

```c
#include <math.h>
double AttackerSuccessProbability(double q, int z)
{
    double p = 1.0 - q;
    double lambda = z * (q / p);
    double sum = 1.0;
    int i, k;
    for (k = 0; k <= z; k++)
    {
        double poisson = exp(-lambda);
        for (i = 1; i <= k; i++)
            poisson *= lambda / i;
        sum -= poisson * (1 - pow(q / p, z - k));
    }
    return sum;
}
```

결과를 실행하면, z에 따라 지수적으로 감소하는 확률을 볼 수 있다.

```
q=0.1
z=0     P=1.0000000
z=1     P=0.2045873
z=2     P=0.0509779
z=3     P=0.0131722
z=4     P=0.0034552
z=5     P=0.0009137
z=6     P=0.0002428
z=7     P=0.0000647
z=8     P=0.0000173
z=9     P=0.0000046
z=10    P=0.0000012

q=0.3
z=0     P=1.0000000
z=5     P=0.1773523
z=10    P=0.0416605
z=15    P=0.0101008
z=20    P=0.0024804
z=25    P=0.0006132
z=30    P=0.0001522
z=35    P=0.0000379
z=40    P=0.0000095
z=45    P=0.0000024
z=50    P=0.0000006
```

0.1% 미만의 P를 풀면,

```
P < 0.001
q=0.10   z=5
q=0.15   z=8
q=0.20   z=11
q=0.25   z=15
q=0.30   z=24
q=0.35   z=41
q=0.40   z=89
q=0.45   z=340
```

12. 결론

우리는 신뢰에 의존하지 않는 전자거래용 시스템을 제안했다. 강력한 소유권 통제를 제공하는 디지털 서명으로 만든 화폐의 유력한 프레임워크로 시작했지만, 이는 이중지불 방지 수단 없이는 불완전하다. 이를 해결하기 위해서 우리는 정직한 노드가 CPU 파워 대부분을 제어한다면 공격자가 전산상으로 변경하기가 어려워지는 작업증명을 사용해 공개된 거래 이력을 기록하는 개인 대 개인 네트워크를 제안했다. 이 네트워크의 견고함은 그 정형화하지 않은 단순성(unstructured simplicity)에 있다.

노드는 거의 조정 없이 한 번에 모두 움직인다. 이들은 메시지가 경로를 지정받아 어떤 특정 위치로 가는 게 아니라 단지 최선의 노력을 다해 전달되면 그만이기 때문에 식별될 필요가 없다. 노드는 의지에 따라 네트워크를 떠났다가 그가 없는 동안 벌어진 일의 증거로 작업증명 사슬을 받아들여 재합류할 수 있다. 이들은 CPU 파워를 사용한 투표로 유효한 블록을 연장하는 작업을 통해 그것을 승인했음을 나타내고, 유효하지 않은 블록에 대한 작업을 거부함으로써 그것을 기각한다. 어떤 필요 규칙과 유인이

든 이 합의 작용(consensus mechanism)을 통해 집행될
수 있다.

참고문헌

[1] W. Dai, "b-money," http://www.weidai.com/bmoney.txt, 1998.

[2] H. Massias, X.S. Avila, and J.-J. Quisquater, "Design of a secure timestamping service with minimal trust requirements," In *20th Symposium on Information Theory in the Benelux*, May 1999.

[3] S. Haber, W.S. Stornetta, "How to time-stamp a digital document," In *Journal of Cryptology*, vol 3, no 2, pages 99-111, 1991.

[4] D. Bayer, S. Haber, W.S. Stornetta, "Improving the efficiency and reliability of digital time-stamping," In *Sequences II: Methods in Communication, Security and Computer Science*, pages 329-334, 1993.

[5] S. Haber, W.S. Stornetta, "Secure names for bitstrings," In Proceedings of the 4th ACM Conference on Computer and Communications Security, pages 28-35, April 1997.

[6] A. Back, "Hashcash - a denial of service countermeasure," http://www.hashcash.org/papers/hashcash.pdf, 2002.

[7] R.C. Merkle, "Protocols for public key cryptosystems," In *Proc. 1980 Symposium on Security and Privacy*, IEEE Computer Society, pages 122-133, April 1980.

[8] W. Feller, "An introduction to probability theory and its applications," 1957.

Bitcoin : A Peer-to-Peer Electronic Cash System

Satoshi Nakamoto
satoshin@gmx.com
www.bitcoin.org

Abstract. A purely peer-to-peer version of electronic cash would allow online payments to be sent directly from one party to another without going through a financial institution. Digital signatures provide part of the solution, but the main benefits are lost if a trusted third party is still required to prevent double-spending.

We propose a solution to the double-spending problem using a peer-to-peer network. The network timestamps transactions by hashing them into an ongoing chain of hash-based proof-of-work, forming a record that cannot be changed without redoing the proof-of-work. The longest chain not only serves as proof of the sequence of events witnessed, but proof that it came from the largest pool of CPU power. As long as a majority of CPU power is controlled by nodes that are not cooperating to attack the network, they'll generate the longest chain and outpace attackers. The network itself requires minimal structure. Messages are broadcast on a best effort basis, and nodes can leave and rejoin the network at will, accepting the longest proof-of-work chain as proof of what happened while they were gone.

1. Introduction

Commerce on the Internet has come to rely almost exclusively on financial institutions serving as trusted third parties to process electronic payments. While the system works well enough for most transactions, it still suffers from the inherent weaknesses of the trust based model. Completely non-reversible transactions are not really possible, since financial institutions cannot avoid mediating disputes. The cost of mediation increases transaction costs, limiting the minimum practical transaction size and cutting off the possibility for small casual transactions, and there is a broader cost in the loss of ability to make non-reversible payments for nonreversible services. With the possibility of reversal, the need for trust spreads. Merchants must be wary of their customers, hassling them for more information than they would otherwise need. A certain percentage of fraud is accepted as unavoidable. These costs and payment uncertainties can be avoided in person by using physical currency, but no mechanism exists to make payments over a communications channel without a trusted party.

What is needed is an electronic payment system based on cryptographic proof instead of trust, allowing any two willing parties to transact directly with each other without the need for a trusted third party. Transactions that are computationally impractical to reverse would protect sellers from fraud, and routine escrow mechanisms could easily be implemented to protect buyers. In this paper, we propose a solution to the double-spending problem using a peer-to-peer distributed timestamp server to generate computational proof of the chronological order of transactions. The system is secure as long as honest nodes collectively control more CPU power than any cooperating group of attacker nodes.

2. Transactions

We define an electronic coin as a chain of digital

signatures. Each owner transfers the coin to the next by digitally signing a hash of the previous transaction and the public key of the next owner and adding these to the end of the coin. A payee can verify the signatures to verify the chain of ownership.

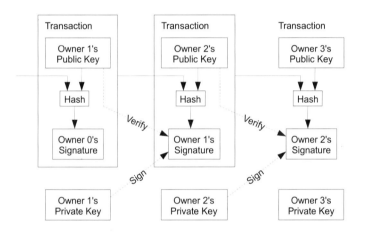

The problem of course is the payee can't verify that one of the owners did not double-spend the coin. A common solution is to introduce a trusted central authority, or mint, that checks every transaction for double spending. After each transaction, the coin must be returned to the mint to issue a new coin, and only coins issued directly from the mint are trusted not to be double-spent. The problem with this solution is that the fate of the entire money system depends on the company running the mint, with every transaction having to go through them, just like a bank.

We need a way for the payee to know that the previous owners did not sign any earlier transactions. For our purposes, the earliest transaction is the one that counts, so we don't care about later attempts to double-spend. The only way to confirm the absence of a transaction is to be aware of all transactions. In the mint based model, the mint was aware of all transactions and decided which arrived first. To accomplish this without a trusted party, transactions must be publicly announced [1], and we need a system for participants to agree on a single history of the order in which they were received. The payee needs proof that at the time of each transaction, the majority of nodes agreed it was the first received.

3. Timestamp Server

The solution we propose begins with a timestamp server. A timestamp server works by taking a hash of a block of items to be timestamped and widely publishing the hash, such as in a newspaper or Usenet post [2-5]. The timestamp proves that the data must have existed at the time, obviously, in order to get into the hash. Each timestamp includes the previous timestamp in its hash, forming a chain, with each additional timestamp reinforcing the ones before it.

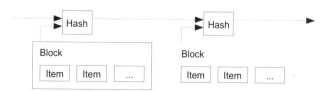

4. Proof-of-Work

To implement a distributed timestamp server on a peer-to-peer basis, we will need to use a proof-of-work system similar to Adam Back's Hashcash [6], rather than newspaper or Usenet posts. The proof-of-work involves scanning for a value that when hashed, such as with SHA-256, the hash begins with a number of zero bits. The average work required is exponential in the number of zero bits required and can be verified by executing a single hash.

For our timestamp network, we implement the proof-of-work by incrementing a nonce in the block until a value is found that gives the block's hash the required zero bits. Once the CPU effort has been expended to make it satisfy the proof-of-work, the block cannot be changed without redoing the work. As later blocks are chained after it, the work to change the block would include redoing all the blocks after it.

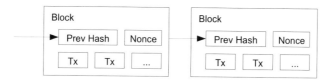

The proof-of-work also solves the problem of de-termining representation in majority decision mak-ing. If the majority were based on one-IP-address-one-vote, it could be subverted by anyone able to allocate many IPs. Proof-of-work is essentially one-CPU-one-vote. The majority decision is represented by the longest chain, which has the greatest proof-of-work effort invested in it. If a majority of CPU power is controlled by honest nodes, the honest chain will grow the fastest and outpace any com-peting chains. To modify a past block, an attacker would have to redo the proof-of-work of the block and all blocks after it and then catch up with and surpass the work of the honest nodes. We will show later that the probability of a slower attacker catching up diminishes exponentially as subsequent blocks are added.

To compensate for increasing hardware speed and varying interest in running nodes over time, the proof-of-work difficulty is determined by a moving average targeting an average number of blocks per hour. If they're generated too fast, the difficulty increases.

5. Network

The steps to run the network are as follows:

1) New transactions are broadcast to all nodes.

2) Each node collects new transactions into a block.

3) Each node works on finding a difficult proof-of-work for its block.

4) When a node finds a proof-of-work, it broadcasts the block to all nodes.

5) Nodes accept the block only if all transactions in it are valid and not already spent.

6) Nodes express their acceptance of the block by working on creating the next block in the chain, using the hash of the accepted block as the previous hash.

Nodes always consider the longest chain to be the correct one and will keep working on extending it. If two nodes broadcast different versions of the next block simultaneously, some nodes may receive one or the other first. In that case, they work on the first one they received, but save the other branch in case it becomes longer. The tie will be broken when the next proof-of-work is found and one branch becomes longer; the nodes that were working on the other branch will then switch to the longer one.

New transaction broadcasts do not necessarily need to reach all nodes. As long as they reach many nodes, they will get into a block before long. Block broadcasts are also tolerant of dropped messages. If a node does not receive a block, it will request it when it receives the next block and realizes it missed one.

6. Incentive

By convention, the first transaction in a block is a special transaction that starts a new coin owned by the creator of the block. This adds an incentive for nodes to support the network, and provides a way to initially distribute coins into circulation, since there is no central authority to issue them.

The steady addition of a constant of amount of new coins is analogous to gold miners expending resources to add gold to circulation. In our case, it is CPU time and electricity that is expended.

The incentive can also be funded with transaction fees. If the output value of a transaction is less than its input value, the difference is a transaction fee that is added to the incentive value of the block containing the transaction. Once a predetermined number of coins have entered circulation, the incentive can transition entirely to transaction fees and be completely inflation free.

The incentive may help encourage nodes to stay honest. If a greedy attacker is able to assemble more CPU power than all the honest nodes, he would have to choose between using it to defraud people by stealing back his payments, or using it to generate new coins. He ought to find it more profitable to play by the rules, such rules that favour him with more new coins than everyone else combined, than to undermine the system and the validity of his own wealth.

7. Reclaiming Disk Space

Once the latest transaction in a coin is buried under enough blocks, the spent transactions before it can be discarded to save disk space. To facilitate this without breaking the block's hash, transactions are hashed in a Merkle Tree [7][2][5], with only the root included in the block's hash. Old blocks can then be compacted by stubbing off branches of the tree. The interior hashes do not need to be stored.

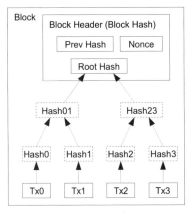
Transactions Hashed in a Merkle Tree

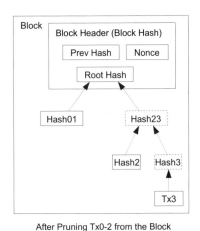
After Pruning Tx0-2 from the Block

A block header with no transactions would be about 80 bytes. If we suppose blocks are generated every 10 minutes, '80 bytes $\times 6 \times 24 \times 365 =$ 4.2MB' per year. With computer systems typically selling with 2GB of RAM as of 2008, and Moore's Law predicting current growth of 1.2GB per year, storage should not be a problem even if the block headers must be kept in memory.

8. Simplified Payment Verification

It is possible to verify payments without running a full network node. A user only needs to keep a copy of the block headers of the longest proof-of-work chain, which he can get by querying network nodes until he's convinced he has the longest chain, and obtain the Merkle branch linking the transaction to the block it's timestamped in. He can't check the transaction for himself, but by linking it to a place in the chain, he can see that a network node has accepted it, and blocks added after it further confirm the network has accepted it.

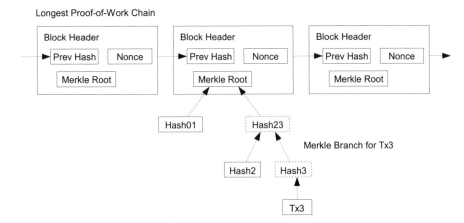

As such, the verification is reliable as long as honest nodes control the network, but is more vulnerable if the network is overpowered by an attacker. While network nodes can verify transactions for themselves, the simplified method can be fooled by an attacker's fabricated transactions for as long as the attacker can continue to overpower the network. One strategy to protect against this would be to accept alerts from network nodes when they detect an invalid block, prompting the user's software to download the full block and alerted transactions to confirm the inconsistency. Businesses that receive frequent payments will probably still want to run their own nodes for more independent security and quicker verification.

9. Combining and Splitting Value

Although it would be possible to handle coins individually, it would be unwieldy to make a separate transaction for every cent in a transfer. To allow value to be split and combined, transactions contain multiple inputs and outputs. Normally there will be either a single input from a larger previous transaction or multiple inputs combining smaller amounts, and at most two outputs: one for the payment, and one returning the change, if any, back to the sender.

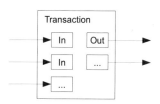

It should be noted that fan-out, where a transaction depends on several transactions, and those transactions depend on many more, is not a problem here. There is never the need to extract a complete standalone copy of a transaction's history.

10. Privacy

The traditional banking model achieves a level of privacy by limiting access to information to the parties involved and the trusted third party. The necessity to announce all transactions publicly precludes this method, but privacy can still be maintained by breaking the flow of information in another place: by keeping public keys anonymous. The public can see that someone is sending an amount to someone else, but without information linking the transaction to anyone. This is similar to the level of information released by stock exchanges, where the time and size of individual trades,

the "tape", is made public, but without telling who
the parties were.

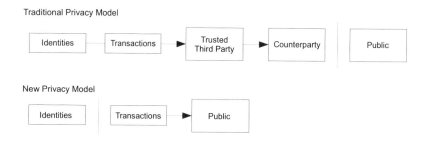

As an additional firewall, a new key pair should
be used for each transaction to keep them from
being linked to a common owner. Some linking
is still unavoidable with multi-input transactions,
which necessarily reveal that their inputs were
owned by the same owner. The risk is that if the
owner of a key is revealed, linking could reveal
other transactions that belonged to the same own-
er.

11. Calculations

We consider the scenario of an attacker trying to generate an alternate chain faster than the honest chain. Even if this is accomplished, it does not throw the system open to arbitrary changes, such as creating value out of thin air or taking money that never belonged to the attacker. Nodes are not going to accept an invalid transaction as payment, and honest nodes will never accept a block containing them. An attacker can only try to change one of his own transactions to take back money he recently spent.

The race between the honest chain and an attacker chain can be characterized as a Binomial Random Walk. The success event is the honest chain being extended by one block, increasing its lead by +1, and the failure event is the attacker's chain being extended by one block, reducing the gap by -1.

The probability of an attacker catching up from a given deficit is analogous to a Gambler's Ruin problem. Suppose a gambler with unlimited credit starts at a deficit and plays potentially an infinite number of trials to try to reach breakeven. We can calculate the probability he ever reaches break-even, or that an attacker ever catches up with the honest chain, as follows [8]:

p = probability an honest node finds the next block

q = probability the attacker finds the next block

q_z = probability the attacker will ever catch up from z blocks behind

$$q_z = \begin{cases} 1 & \text{if } p \le q \\ (q/p)^z & \text{if } p > q \end{cases}$$

Given our assumption that $p > q$, the probability drops exponentially as the number of blocks the attacker has to catch up with increases. With the odds against him, if he doesn't make a lucky lunge forward early on, his chances become vanishingly small as he falls further behind.

We now consider how long the recipient of a new transaction needs to wait before being sufficiently certain the sender can't change the transaction. We assume the sender is an attacker who wants to make the recipient believe he paid him for a while, then switch it to pay back to himself after some time has passed. The receiver will be alerted when that happens, but the sender hopes it will be too late.

The receiver generates a new key pair and gives the public key to the sender shortly before signing. This prevents the sender from preparing a chain of blocks ahead of time by working on it continuously until he is lucky enough to get far enough ahead, then executing the transaction at that moment. Once the transaction is sent, the dishonest sender starts working in secret on a parallel chain containing an alternate version of his transaction.

The recipient waits until the transaction has been added to a block and z blocks have been linked after it. He doesn't know the exact amount of progress the attacker has made, but assuming the honest blocks took the average expected time per block, the attacker's potential progress will be a Poisson distribution with expected value:

$$\lambda = z\frac{q}{p}$$

To get the probability the attacker could still catch up now, we multiply the Poisson density for each amount of progress he could have made by the probability he could catch up from that point:

$$\sum_{k=0}^{\infty} \frac{\lambda^k e^{-\lambda}}{k!} \cdot \begin{cases} (q/p)^{(z-k)} & if\, k \le z \\ 1 & if\, k > z \end{cases}$$

Rearranging to avoid summing the infinite tail of the distribution...

$$1 - \sum_{k=0}^{z} \frac{\lambda^k e^{-\lambda}}{k!} \left(1 - (q/p)^{(z-k)}\right)$$

Converting to C code...

```c
#include <math.h>
double AttackerSuccessProbability(double q, int z)
{
    double p = 1.0 - q;
    double lambda = z * (q / p);
    double sum = 1.0;
    int i, k;
    for (k = 0; k <= z; k++)
    {
        double poisson = exp(-lambda);
        for (i = 1; i <= k; i++)
            poisson *= lambda / i;
        sum -= poisson * (1 - pow(q / p, z - k));
    }
    return sum;
}
```

Running some results, we can see the probability
drop off exponentially with z.

```
q=0.1
z=0      P=1.0000000
z=1      P=0.2045873
z=2      P=0.0509779
z=3      P=0.0131722
z=4      P=0.0034552
z=5      P=0.0009137
z=6      P=0.0002428
z=7      P=0.0000647
z=8      P=0.0000173
z=9      P=0.0000046
z=10     P=0.0000012

q=0.3
z=0      P=1.0000000
z=5      P=0.1773523
z=10     P=0.0416605
z=15     P=0.0101008
z=20     P=0.0024804
z=25     P=0.0006132
z=30     P=0.0001522
z=35     P=0.0000379
z=40     P=0.0000095
z=45     P=0.0000024
z=50     P=0.0000006
```

Solving for P less than 0.1%...

```
P < 0.001
q=0.10    z=5
q=0.15    z=8
q=0.20    z=11
q=0.25    z=15
q=0.30    z=24
q=0.35    z=41
q=0.40    z=89
q=0.45    z=340
```

12. Conclusion

We have proposed a system for electronic transactions without relying on trust. We started with the usual framework of coins made from digital signatures, which provides strong control of ownership, but is incomplete without a way to prevent double-spending. To solve this, we proposed a peer-to-peer network using proof-of-work to record a public history of transactions that quickly becomes computationally impractical for an attacker to change if honest nodes control a majority of CPU power. The network is robust in its unstructured simplicity.

Nodes work all at once with little coordination. They do not need to be identified, since messages are not routed to any particular place and only need to be delivered on a best effort basis. Nodes can leave and rejoin the network at will, accepting the proof-of-work chain as proof of what happened while they were gone. They vote with their CPU power, expressing their acceptance of valid blocks by working on extending them and rejecting invalid blocks by refusing to work on them. Any needed rules and incentives can be enforced with this consensus mechanism.

References

[1] W. Dai, "b-money," http://www.weidai.com/bmoney.txt, 1998.

[2] H. Massias, X.S. Avila, and J.-J. Quisquater, "Design of a secure timestamping service with minimal trust requirements," In *20th Symposium on Information Theory in the Benelux*, May 1999.

[3] S. Haber, W.S. Stornetta, "How to time-stamp a digital document," In *Journal of Cryptology*, vol 3, no 2, pages 99-111, 1991.

[4] D. Bayer, S. Haber, W.S. Stornetta, "Improving the efficiency and reliability of digital time-stamping," In *Sequences II: Methods in Communication, Security and Computer Science*, pages 329-334, 1993.

[5] S. Haber, W.S. Stornetta, "Secure names for bit-

strings," In Proceedings of the 4th ACM Conference on Computer and Communications Security, pages 28-35, April 1997.

[6] A. Back, "Hashcash - a denial of service counter-measure," http://www.hashcash.org/papers/hash-cash.pdf, 2002.

[7] R.C. Merkle, "Protocols for public key cryptosys-tems," In *Proc. 1980 Symposium on Security and Privacy*, IEEE Computer Society, pages 122-133, April 1980.

[8] W. Feller, "An introduction to probability theory and its applications," 1957.

가상화폐 투자 교육 강좌

	강좌 제목	강사	시간	강의 내용
제1부	가상화폐 채굴 요령	《알기 쉬운 암호화폐 용어 첫걸음》, 《비트코인의 이해》 저자	2시간	−블록체인과 가상화폐 −블록체인 네트워크의 작동원리 −채굴의 원리와 프로세스 −채굴기의 종류와 채굴 방식 −채굴기의 구성 및 세팅 요령 −직접채굴, 어떻게 하나 −위탁채굴의 요령과 주의사항 −클라우드 마이닝, 어떻게 하나 −채굴수익률 분석 요령
제2부	가상화폐 투자 절차 실무 강좌	《알기 쉬운 암호화폐 용어 첫걸음》, 《비트코인의 이해》 저자	2시간	−거래소 선정 요령 −계좌 계설 절차와 방법 −자금 송금과 인출 요령 −암호화폐 전송 요령 −암호화폐 보관 요령 −전자지갑 사용 요령 −하드월렛 사용 방법 −자동거래 프로그램 이용 방법

교육 일시

- 기간 : 평일(오전, 오후)/주말(오전, 오후)
- 교육 장소 : 홈페이지 http://www.koblocks.com 참고
- 교육비 : 홈페이지 http://www.koblocks.com 참고
- 정원 : 선착순 00명
- 신청 방법 : 홈페이지,이메일 접수 후 무통장 입금

교육 문의

- 이메일 hoostock21@naver.com
- 홈페이지 http://www.koblocks.com
- 블로그 http://blog.koblocks.com

한국블록체인기술금융(주)

중앙경제평론사 Joongang Economy Publishing Co.
중앙생활사 | 중앙에듀북스 Joongang Life Publishing Co./Joongang Edubooks Publishing Co.

중앙경제평론사는 오늘보다 나은 내일을 창조한다는 신념 아래 설립된 경제 · 경영서 전문 출판사로서
성공을 꿈꾸는 직장인, 경영인에게 전문지식과 자기계발의 지혜를 주는 책을 발간하고 있습니다.

알기 쉬운 암호화폐 용어 첫걸음

초판 1쇄 인쇄 | 2018년 4월 18일
초판 1쇄 발행 | 2018년 4월 23일

엮은이 | 한국블록체인기술금융(주) · 염후권 · 최희송 · 김회승
펴낸이 | 최점옥(JeomOg Choi)
펴낸곳 | 중앙경제평론사(Joongang Economy Publishing Co.)

대　　표 | 김용주
책임편집 | 김미화
본문디자인 | 변영은

출력 | 한영문화사　종이 | 에이엔페이퍼　인쇄 · 제본 | 한영문화사

잘못된 책은 구입한 서점에서 교환해드립니다.
가격은 표지 뒷면에 있습니다.

ISBN 978-89-6054-205-1(03320)

등록 | 1991년 4월 10일 제2-1153호
주소 | ⑨04590 서울시 중구 다산로20길 5(신당4동 340-128) 중앙빌딩
전화 | (02)2253-4463(代)　팩스 | (02)2253-7988
홈페이지 | www.japub.co.kr　블로그 | http://blog.naver.com/japub
페이스북 | https://www.facebook.com/japub.co.kr　이메일 | japub@naver.com
♣ 중앙경제평론사는 중앙생활사 · 중앙에듀북스와 자매회사입니다.

도서
주문
www.japub.co.kr
전화주문 : 02) 2253 - 4463

※ 이 도서의 국립중앙도서관 출판시도서목록(CIP)은 서지정보유통지원시스템 홈페이지(http://seoji.nl.go.kr)와
국가자료공동목록시스템(http://www.nl.go.kr/kolisnet)에서 이용하실 수 있습니다.(CIP제어번호:CIP2018009655)

중앙경제평론사에서는 여러분의 소중한 원고를 기다리고 있습니다. 원고 투고는 이메일을 이용해주세요.
최선을 다해 독자들에게 사랑받는 양서로 만들어 드리겠습니다. 이메일 | japub@naver.com